HERMANAS FÁEZ
VOCES DE LA MEMORIA

UNOSOTROS
MÚSICA

Lázaro David Najarro Pujol

© 2022

©Unos&OtrosEdiciones, 2022

ISBN- 978-1-950424-48-1

Título: Hermanas Fáez: Voces de la memoria

Edición: Dulce María Sotolongo

Maquetación: Armando Nuviola

© Lázaro David Najarro Pujol

www.unosotrosediciones.com

UNOSOTROS
EDICIONES

Una publicación de UnosOtrosEdiciones

Hecho en Estados Unidos de America, 2022

«Los viejos son niños que sueñan», dijo un día el novelista cubano José Soler Puig. A las hermanas Fáez, se les cumplió el sueño de ser artistas reconocidas a la tercera edad, luego de ser «descubiertas» por el promotor discográfico francés Cyrius Martínez, interesado en escuchar música tradicional para un disco que preparaba en Francia.

Las Fáez actuaron en unas cincuenta ciudades europeas, asiáticas y africanas, Holanda, Belgica, Suiza, España, Marruecos e Inglaterra, donde fueron recibidas por la reina Isabel en el Hall Elizabeth it Reigns, en el Palacio de Buckingham. Era una época de gloria para la música cubana, pleno apogeo de Compay Segundo y el Buena Vista Social Club. Europa bailaba y cantaba el chan chan, por eso algunos se atrevieron a llamarlas las chanchanas. Sin embargo, como dice el poeta, lo que brilla con luz propia, nadie lo puede opacar y estas «adultas mayores», tenían unas voces privilegiadas para interpretar la trova. Su «Serenata picante» despertó las ganas de disfrutar la música tradicional, supieron poner el nombre de Cuba bien alto, ofrecieron su arte al lado de figuras internacionales.

ÍNDICE

PRÓLOGO

(...) Se trata de soltar las amarras, se trata de liberar nuestras ver-
daderas fuerzas íntimas... Y sobre todo es preciso que la vida sea
elevación, altura... Recuerdo con muchísima vehemencia y hasta
cierta dosis de estoicidad esta expresión en la novela de *Sátiro o el*
poder de las palabras, única novela y por cierto magistral, del poeta
chileno Vicente Huidobro, maestro del creacionismo y uno de los
grandes artífices del modernismo literario, para hacer un alto en el
tiempo, degustar desde la memoria, esa gama, a veces, artificiosa de
cultura universal desde los floridos años del siglo veinte que trajeron
consigo un pensamiento racionalista en todas las manifestaciones
artísticas, sumidas, ¡eso sí! al peculiar cadalso que serviría a la
ciencia durante su última y más novedosa revolución industrial.
Claro que la ciencia no sirve del todo al arte, más bien sucede al
contrario, el arte se sirve de ella, incorporando a la confluencia
social de modos y tipos generales, esa llama para muchos, inclusiva
a veces en el mismo artista, irrevocable de misteriosas divinidades
que abriga en su naturaleza, pincelando y hasta modificando la
envoltura racional que le dignifica e influencia durante cada uno
de los procesos históricos donde se erige el artista para enaltecer
su arte ante el arraigo cultural que le dignifica como ser humano y
del que aun, sin voluntad propia, espera que el resto de sus admiradores y cultores de su arte, le reconozcan. Por la suma admirable
que ofrece el resultado de un germen natural al arte promisorio
en la cultura de masas, estaríamos resumiendo al artista a una
ecuación matemática que ofrece como único resultado la vanidad
y el irrevocable ego de su capacidad histriónica o intelectual para
crear o conformar una secuencia de efecto y consecuencia. El arte
es mucho más que números o una ecuación matemática. Es vivir
cerca por una fuerza mayor a la voluntad suprema del raciocinio
que nos conduce día a día a ser parte de una virtud itinerante de la
rutina y prófuga al sentimiento que apasiona y enceguece en virtud
de conquistar algo verdaderamente válido y supremo. Esa especie

de elevación, y altura, de la que habla la novela de Huidobro y que en un artista pleno se pondera desde los tiempos entrañables, donde insto a la pausa de este prólogo que el periodista camagüeyano, escritor y amigo Lázaro David Najarro Pujol se ha empeñado que escriba acerca de este libro que no ha podido llegar con mayor oportunidad para ensalzar, quizás, la vida, obra y legado de la música tradicional cubana a fuerza de voz en la presencia de las Hermanas Fáez. Un dúo ejemplar, procedente de la zona Oriental de Cuba que tuvo inserciones en la vida musical cubana durante la década de los cincuenta, con el rastro luminoso e irrevocable de cuartetos como las D' Aida, que ganaron la fama temprana desde la capital habanera y que se prolongaría en los sesenta y setenta. La influencia de Sindo Garay en la trova tradicional tenía sus hijos bien consolidados y su continuidad musical se propagaría en el gusto nacional e internacional en no pocos embajadores musicales de nuestra cultura popular, este libro apenas menciona algunos nombres de esa época dorada que aún ha suscitado en su novedosa reinvención el gusto por lo tradicional en los teatros europeos, (me

refiero al congregado proyecto Buena Vista Social Club), Najarro Pujol a pulso de un estilo limpio y depurado como caracteriza a un periodista de su trayectoria y experiencia, amante de la literatura, en este caso propone un libro de pasajes, utilizando el recurso osado, para este tipo de proyectos, de la inclusión de diálogos en estilo directo, que en favor de la crónica periodista intrica un realismo pleno de los personajes y pasajes contados, pienso, con la intención que el lector sea capaz de discernir la vida de las hermanas Fáez, escenificando el origen familiar para que podamos descubrir cuánta riqueza cultural de antemano envuelve a estos grandes talentos musicales y ante todo consiga identificarse con las personas detrás de las plausibles voces que el autor cuidadosamente en cada capítulo va hilando como fina madeja, en cada escenario y circunstancia preliminar que les condujo a una fama valedera de las hermanas Fáez en parajes tan distantes o inalcanzables a simple percepción objetiva como Francia y el Reino Unido. Una exaltación que durante el transcurso de los capítulos o pasajes se solapa con suma sutileza a su quehacer artístico y los rasgos humanistas que envuelven las circunstancias, siempre nobles humildes de las hermanas Fáez. El libro se cuenta persiguiendo una hilaridad temática, útil a la suma de una carrera musical brillante que el lector escudriñará a merced de una amena lectura y reitero, un bien y muy sugestivo estilo que aborda la crónica periodista con los elementos esenciales de la literatura sin que ningún diálogo inferido ceda al abismo de la ficción. Vale añadir que este tipo de género híbrido entre la crónica y la literatura tiene bastante demanda entre los escritores realistas caribeños y se denomina «cuenvela». No obstante la intención de Najarro Pujol, naturalmente, no ha sido preponderar sus modos estilísticos de redacción, ni la mía propia de hacer un estudio crítico sobre la estética literaria de la obra; su principal función es contar desde una perspectiva realista, y objetiva, a grandes rasgos, la vida y quehacer cultural de las hermanas Fáez, ensalzar su papel histórico y valía dentro de la cultura popular tradicional, que tal como se afirma en el libro, sus voces y modelo genérico, conforman esa balanza precisa entre la trova tradicional y los nuevos modelos musicales de la moderna cancionística cubana, entendiéndola siempre desde la noción irreverente y necesaria, a mi entender, de los clásicos ritmos montunos, faz de una geografía, donde surge la trova tradicional de la que ellas, víctimas, de la fatalidad geográfica, gozaron de una publicidad menor entre las consteladas fauces del panorama cultural cubano. Este libro ante todo reivindica lo vindicado y sitúa a las hermanas Fáez en ese sitial supremo de la cancionística cubana, aunque apenas, tal como afirma la novela de Huidobro, … se trata de soltar las amarras, se trata de liberar nuestras verdaderas fuerzas íntimas… Y sobre todo es preciso que la vida sea elevación, altura… Para unas artistas de talla inmensa que jamás pretendieron la fama, sino más bien experimentar esa suprema y vasta elevación de sus naturalezas artísticas desde el germen insaciable de sus voces unificadas todas en la memoria. Una memoria de la que hoy tampoco podría prescindir la historia musical de nuestra cultura cubana.

RAINER CASTELLÁ MARTÍNEZ

Floricelda y Cándida Fáez Neyra

INTRODUCCIÓN

Uno de los sucesos más significativos de la música cubana e internacional de finales del siglo XX, lo constituyó la reaparición de las Hermanas Fáez, acompañadas del guitarrista y arreglista René Fáez Martínez. Después de alrededor de quince años alejados de la cancionista trovadoresca en la isla, las Fáez, a finales de la década de 1990, ya septuagenarias, gracias al prodigio de sus voces, y a su trova revelada desde patrones melódicos sin iguales, portadores de la más acendrada autoctonía interpretativa cubana, cautivan el continente europeo desde el primer registro en soporte digital de sus canciones: «La Casa de la Trova». El segundo, «La Trova de las Fáez», este último proclamado en encuesta realizada por el diario francés *Le Monde*, como uno de los veinte discos de música tradicional más importantes del siglo XX, una auténtica joya de la música cubana. Le seguirá «Serenata Picante».

Conocidas y aclamadas en los más variados escenarios del Viejo Continente (casi desconocidas en Cuba), establecieron personalidades musicales equiparables a las más descollantes figuras del Buena Vista Social Club, con una virtud: Cándida y Floricelda vigorizaron y endurecieron cada vez más el timbre de sus voces, al parecer con la intención de que esta trova (la única que en el país tributa al tronco que a fines del siglo XIX, brotó en el extremo más oriental de Cuba), no sea condenada a desaparecer.

RENÉ FÁEZ MARTÍNEZ

Baracoa

NAVARRO Y FÁEZ: FAMILIA MUSICAL

Las colonias erigidas en las montañas de la Farola devienen importantes focos culturales. Desde los Altos de Cotilla, a más de 600 metros sobre el nivel del mar, se observa el resplandor de la vegetación envuelta, a decir de Dora Alonso, «*en helechos entre lujos de manantiales, frente a un paisaje indescriptible*». En la zona, de alto endemismo de flora y fauna, se asientan unas cien familias de emigrantes franceses, acompañadas por sus esclavos y mayorales. En las tardes se escucha el bello sonido de la guitarra, el tres u otro instrumento musical. Son familias que llegaron a estos parajes maravillosos y exuberantes luego de emprender, primero, el periplo a través de un camino abierto a fuerza de machete y hacha desde la villa Nuestra Señora de la Asunción de Baracoa, primera capital de la isla, fundada el 15 de agosto de 1511 por el conquistador español Diego Velázquez, y hasta las cercanías de Guantánamo. En las proximidades de los Altos de Cotilla, algunos tienen sus colonias. Entre ellos Navarro y su esposa Anita, mujer adinerada conocedora del cultivo del café y el cacao. Ambos, con la ayuda de sus esclavos construyeron edificaciones con madera extraída de los abundantes bosques de la región.

El nombre de Baracoa tiene su origen en una expresión de los aborígenes de la zona, que representa existencia del mar o tierra alta. Desde la cresta de las montañas corren arroyitos de aguas transparentes, puras y frías, que caen al camino principal como «el hilo de la urdimbre del telar que sube y que baja», porque los riachuelitos desde sus nacientes, a veces se hacen subterráneo y luego aparece nuevamente en la superficie, tal como ocurre con el hilo o la lana cuando tejemos.

Fascinan las aguas profundas y cristalinas de los ocho ríos de abundantes arterias fluviales que confluyen y fertilizan las tierras, entre ellos el Toa, uno de los gustosos ríos, los más caudalosos de Cuba (con 120 kilómetros de extensión). Se suman el Yumurí, el

Duaba, el Miel, el Macaguanigua, y el Quiviján. Todos, fuente de inspiración para los cantores de la región.

Los moradores aprovechan la caña brava como redes conductoras para el suministro de agua a sus chozas, casonas o bohíos, al igual que para el regadío de los cultivos. También, a fuerza de machete, hachas, arados y rudimentarios instrumentos agrícolas brotan los cafetales, cocoteros y plantaciones de cacao, caña de azúcar, platanales y corrales para la cría de animales y aves. Igualmente gozan en estos parajes de grandes elevaciones de la miel de abejas y aceite de coco. El nombre de la provincia, Guantánamo, en lengua aborigen, significa «tierra de los ríos».

Anita, francesa de nacimiento, como algunos de sus acompañantes, había emigrado a la región, tras huir de la revolución independentista haitiana (1791-1804), primer movimiento revolucionario de América Latina que culminó con la abolición de la esclavitud en la colonia francesa de Saint-Domingue y la proclamación del Primer Imperio de Haití. Para Anita vivir en las montañas de Baracoa, el extremo más oriental de la isla es como escalar al cielo y encontrarse con el sol. Suele en las pocas horas de ocio subir en compañía de su esposo a lo más alto del lomerío a contemplar la costa Norte y la costa Sur. Dice la leyenda, que se observa el destello de las luces de la Haití, la tierra que ambos abandonaron tras la rebelión.

Navarro, esposo de Anita, fallece años después en estas montañas que custodian la Farola. El matrimonio no logró crear una familia, con el sudor y las lágrimas. Anita, vigorosa y emprendedora mujer se queda sola al frente de la colonia. Siente atracción por el calesero de la finca, esclavo que había sido bautizado con el apellido de su amo. Tiempo después ambos contraen matrimonio y constituyen una familia.

Una de las tres hijas de la hermosa mujer se casa con Ignacio Fáez, de donde surge la generación de una familia musical influida por emigrantes franceses, esclavos haitianos y jamaicanos, entre otros, que anclaron sus raíces y una cultura muy autóctona en el Oriente de Cuba.

A Anita, le encanta la villa de las lluvias y bellos paisajes. Una comarca rodeada de macizos montañosos en los que predomina una vigorosa vegetación de bosques vírgenes y fascinantes palmares. Le encanta observar la polímita, el molusco más hermoso del mundo.

Quizás el trovador Sindo Garay se inspiró en Anita para escribir una bella melodía que en sus primeras estrofas expresa: *Ella guarda en el alma/ un inmenso tesoro...*

Baracoa

17

UNA GUARACHA EN LAS MONTAÑAS

La música corre por la sangre de los Fáez y los Navarro, tanto como de decenas de familias que viven en las serranías. Constituye sedimento de la identidad cubana.

Del Tingo Talango consiguen melodías impresionantes, capaz, mezclado con el sonido de la guitarra y el tres, poner ojos saltones por la emoción y hacer mover las piernas y el cuerpo de guajiros y forasteros. Aunque el Tingo Talango «no es de cuerda ni de viento», como sentencia la guaracha homónima popular, del curioso instrumento brotan esas resonancias mágicas de diferentes alturas.

Ignacio Fáez, acaricia la rama flexible, arqueada, que se pone en tensión a través de un cordel hecho de yagua o de latón.

—Dale muchachos a bailar y a cantar —les pide Ignacio.

«Tumba a Antonio, dale que dale, tumba a Antonio», se escuchan las voces —repiten a coro el estribillo, mientras bailan alrededor de Ignacio y los trovadores.

El arco tensor está fijado al suelo, en un hoyo hecho en la tierra fértil. Sobre la cavidad ubican pencas de yagua. Emite un sonido similar al contrabajo.

Los dedos de una de las manos callosas de Ignacio, minutos de pie, minutos sentado, recorren la cuerda o alambre de aquel instrumento vertical y rígido. Con la otra mano, golpea con un palo el bejuco arqueado. Bailan al compa de la música.

Otro de los estribillos de la melodía sentencia:

«Dale que dale al sumbantorio/ Tingo talango// Sumbantorio». Se refiriere al trasero de la mujer, o al «volumen de Carlota».

La música se escucha con nitidez en aquellos lomeríos. Los más cercanos a la casa de los Fáez-Navarro se unen a aquella guaracha espontánea que se hace cotidiana pocas horas después de la puesta del sol. Los más lejanos se alegran y tararean la guaracha.

«Tumba a Antonio, dale que dale, tumba a Antonio», se escuchan las voces.

«Tumba a Antonio, dale que dale, tumba a Antonio», se repite en el estribillo.

La música surge de aquellos hogares. Aprenden a tocar guitarra o Tres con trovadores vagabundos que proceden de los poblados de aquel entorno virgen, entre ellos Pepe Sánchez, Compay Segundo y Sindo Garay, que forman parte de una cofradía de bardos. Penetra en el alma de la familia. Los doce hijos e hijas dominan el canto o los instrumentos de cuerdas: la guitarra y el Tres, al igual que el «Tingo Talango».

El niño Andrés Fáez Navarro sabe tocar la guitarra. Hombres, mujeres y muchachos cantan con pasión. Todos cultivan con amor el arte. Pero nadie puede vivir del arte. El arte es para desarrollar en la casa y la comunidad después de las duras faenas en el campo. Es sin dudas, una familia de instrumentistas y cantores que traspasa en la memoria para prestigio mayor de la trova cubana.

La región de Baracoa y todo el extremo oriental de la provincia de Guantánamo sintetizan influencias indígenas, africanas y europeas. Una variedad de ritmos ha visto la luz aquí, entre las montañas y el mar, a lo largo de los siglos.

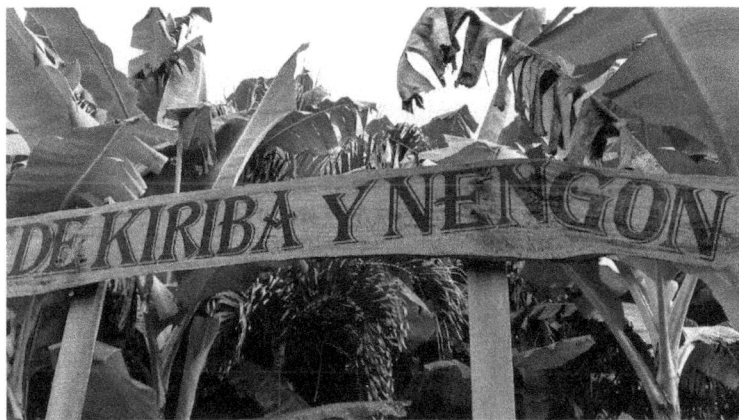

El nengón y el kiribá son expresiones musicales arraigadas en las fiestas campesinas tradicionales de Baracoa

UN VIAJE DESDE LA VILLA DE LAS LLUVIAS

Baracoa

Los Fáez-Navarro quieren compartir su arte con cultores de otros lares. Unos emprenden el periplo por mar desde Baracoa a Mayarí y otros prefieren viajar por tierra atravesando las montañas de la Farola hacia el Este. Cruzan caminos intransitables y veredas. Los menos, se establecen en Santiago de Cuba. Recorren igualmente comunidades y ciudades.

La familia aborda un velero con destino a Mayarí. Andrés Fáez Navarro apenas tiene doce años. Le tiene terror al mar y a los barcos. Les sorprende la noche en el mar. Horas después de zarpar de Baracoa, arriban a las costas de Mayarí. La madre se percata que solo están a su alrededor once de sus doces hijos.

—¿Dónde está Andrés? —exclama aterrorizada la mujer.

Lo buscan por todo el barco. La felicidad se convierte en llanto, desesperación y dolor. La madre irritada rebusca nuevamente en todo el velero: el cuarto de máquina, los caramancheles de popa y de proa, las neveras...

La nave sufrió fuertes sacudidas en Punta Guarico, en la travesía entre Baracoa y Mayarí, donde confluyen las corrientes del Golfo de México. A Andrés lo dan por desaparecido, ahogado en el mar, y su cuerpo arrastrado por las corrientes y destrozado contra el diente de perro de la costa.

Envuelta en una impresión aterradora y la angustia por la culpabilidad de no haber protegido al muchacho, la familia se asienta en Mayarí, con la esperanza de ver llegar a su hijo Andrés. Pasados algunos meses deciden radicarse en Antilla, en la porción noreste de la provincia de Holguín, en medio de un calor sofocante producto a la alta humedad imperante.

Las noticias de los periódicos las pregonan quienes se dedican a viajar a la ciudad Santiago de Cuba en busca del ejemplar más reciente. En Antilla imprimen, en hojas sueltas, las páginas con noticias sensacionalistas.

—Compra una noticia sobre agrupaciones musicales en el Oriente —solicita Ignacio Fáez a uno de sus hijos.

En minutos, el muchacho regresa con las manos vacías.

—Papá, solo tienen notas de robos, crímenes y politiquería —dice el muchacho.

—*Última hora. Asesina a una mujer en la calle Obispo en La Habana* —pregona un vendedor.

La nota la publica un diario contentivo de un rancio conservadurismo político, mezclado con las frivolidades y el mercantilismo occidentales.

Pasan cinco años de la desgracia. Una tarde lluviosa, mientras Arcadia Fáez, Callita, visita la casa de su amiga María Neyra tocan fuertemente a la puerta.

María abre la puerta. Un joven está frente a ella.

—Buenas noches —saluda el muchacho de unos diecisiete años.

—Buenas noches ¿Qué desea? —pregunta María, mujer de piel blanquísima.

—Buenas noches —responde el saludo.

—Mire, ando buscando a alguien de la familia Fáez.

Arcadia Fáez da un grito de sorpresa y alegría al ver a aquel mulato fornido y alto. Al instante vuelve a su memoria la imagen de su hermano Andrés. Corre hacia la puerta de la vivienda. Se abrazan los dos hermanos. María no comprende lo que está ocurriendo. Las palabras de Arcadia anulan la duda.

—Nuestro viejo, tus hermanos, los pasajeros… te dábamos por muerto. Solo nuestra madre tenía la esperanza que algún día te encontraríamos vivo. Te vimos embarcar en Baracoa. ¿Te bajaste del barco?

—No Callita, no abordé el barco. Como tengo pánico al mar, me escondí en uno de los recovecos del espigón. Jamás subí al velero. En Baracoa, me interné en los lomeríos. Trabajé duro en los cafetales, en las plantaciones de cacao y caña.

Acontecía el complejo año 1912, en el que Cuba estaba envuelta en la Guerra o Masacre de los Independientes de Color, un levantamiento armado realizado por el Partido Independiente de Color. Sus seguidores reclaman la igualdad social y política de los negros.

Se inicia el 20 de mayo de 1912 y es sofocado cruelmente con la muerte de más de 3 000 negros y mestizos, mientras las fuerzas del gobierno tuvieron solo 12 bajas.

Andrés, quien había nacido en 1902, convivió con jamaicanos y con ellos aprendió a hablar y escribir inglés. Tras cumplir los dieci-siete años comenzó a buscar a su familia. En Mayarí le informaron con sus padres, hermanos y hermanas estaban residiendo en Antilla. Con la felicidad del inesperado reencuentro con el muchacho, la familia prosigue su vida entre labores agrícolas y la música.

En ese contexto un ramal del ferrocarril llega a Antilla, poblado inmediato a la Bahía de Nipes. Andrés al dominar el inglés encuen-tra trabajo en los Ferrocarriles Consolidados de Cuba, monopolio estadounidense y con él su padre, quien se convierte en maquinista A, la vida de la familia se alivia económicamente. Jamás dejan su afición por la música.

En ese ambiente amoroso nace, el 20 de junio en 1928, Floricelda. Como sus hermanos, los abuelos, Ignacio Fáez y Carmen Navarro, están radiantes de felicidad.

Muchos de los Fáez echan raíces en Antilla. Los padres y abuelos de René y Floricelda deciden continuar hasta Camagüey, donde se establecen definitivamente. En la comarca de pastores y sombreros la familia celebra la llegada a la vida de Cándida el 30 de julio de 1930.

ENTRE MÚSICA Y TRENES

La humilde casona de la calle Rosario en la ciudad de Camagüey, donde viven los Fáez, se respira un ambiente musical rico y variado. En la marcada con el número 487 se interpretan canciones de la trova tradicional cubana llenas de amor y romanticismo.

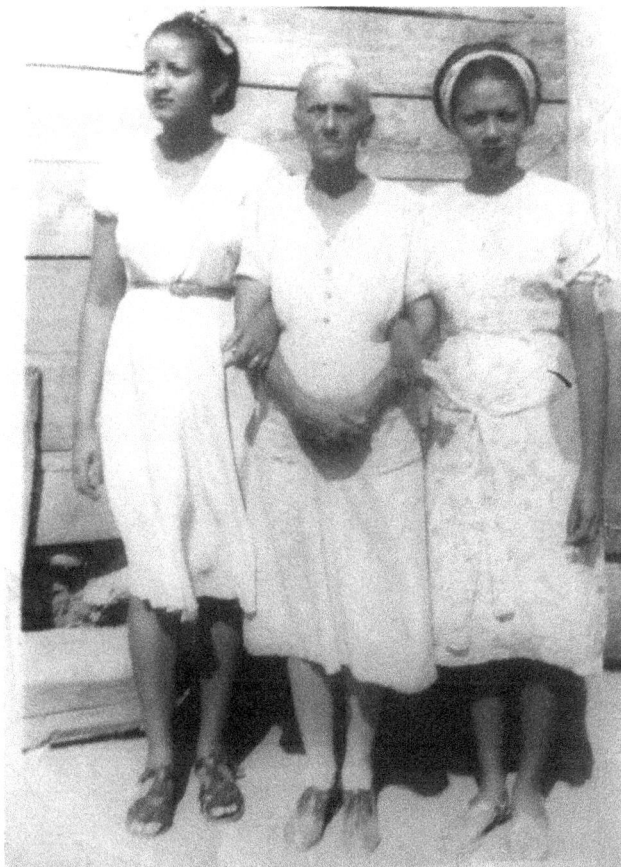

Las hermanas, todas vocalistas

La música forma parte de nuestras raíces, nuestra sangre. Es un asunto de costumbre familiar. Mi abuelo, los hermanos de mi abuelo tocaban guitarra y Tres, medita René Fáez Martínez.

Sí, viene desde el abuelo que nació en 1902, monte adentro en la loma de La Farola. Solo existe pasión y amor a la música. Para que más. Ni siquiera había radio, no había nada. Las personas eran autodidactas, aprendían a tocar guitarra. Se organizaban fiestas en las montañas. Se formaban y fomentaban grupos musicales.

Eran focos culturales. Había familia con fuerte tradición: cantores, tocadores de guitarra, tres, tambores, bingos y Tingo Talango. Así es como se cimentó esa tradición, reflexiona René, mientras toca en su guitarra una de esas melodías que aprendió de su abuelo, de su padre: «Es así, aquí en Camagüey, mientras se esperaba la comida, después de las cinco de la tarde, mi abuelo tomaba el tres y mi padre la guitarra, comenzaban a tocar y a cantar. Los vecinos pensaban que estábamos de fiesta, pero no, era una tradición familiar».

Mis cuatro tías, esas le ponían corazón a la canción. Cantaban muy bien. ¡Mira que se sabían canciones!, muchas, incluso de autores desconocidos, otras escrita por alguien de la familia.

CUARTETOS FABULOSOS

—Las D'Aida son una revelación —exclama un promotor habanero.

—En Camagüey existe un cuarteto fabuloso. Tan buenas como Aida Diestro, Elena Burke, Haydée Portuondo, Omara Portuondo y Moraima Secada —le aclaran.

No existen dudas. Nada tienen que envidiar las voces de las cuatro hermanas Fáez a las D'Aida, estas últimas famosas en La Habana y otros lares, mientras las Fáez solo se conocen en su entorno familiar.

Los hermanos Fáez y su hermano René Fáez Neyra

Se trata del cuarteto integrado por Josefa, Floricelda, Cándida y Celestes Fáez Neyra. Mucho tiene que ver la influencia de su padre, René, un hombre exigente, quien no quitaba ojos de sus hijas.

—René, hemos venido a firmar un contrato a las cuatro muchachas —le proponen.

—¡No, ¡qué va! Mis hijas no tienen que ir a ningún sitio. ¿Para qué, para que se conviertan en putas? Si quieren escucharla, que venga aquí a la casa. Eso de que se las llevan para La Habana, de que van a hacer una película con ellas, que van a trabajar en Tropicana, eso no va conmigo —impugna el maquinista ferroviario.

—Mire, las muchachitas tienen perspectivas. El señor, Octavio Sánchez, escuchó la voz de ellas y considera que pueden llegar a la fama. Sánchez es un eminente músico cubano, un excelente guitarrista. También el magnate de la televisión está al tanto de la calidad vocal de sus hijas.

—Le repito, si quieren escuchar a las muchachitas, pues que venga a esta casa. A La Habana no tienen que ir a buscar nada —dijo rotundamente.

Boda de Cándida, padres Andrés Fáez y María Neyra

Es un año complejo en la vida de la nación. En 1954 se prepara un gran concierto en Camagüey, un espectáculo musical con las D'Aida. El cuarteto de las hermanas Fáez no puede faltar. Ellas son toda una revelación.

Comienza a alternar. Muchos aplausos. Tanto las D'Aida como las Fáez convencen a los espectadores. Las vitorean. No obstante, el padre no permite que sus hijas salgan de Camagüey.

El viejo muere y como expresión de luto dejan de cantar. En el lapso de un año, en la casa de la familia, reina un silencio musical total. Flor toma una decisión:

—Cándida, ha transcurrido un año del fallecimiento de Papá, a él le gustaba la música. Honramos su memoria si mantenemos la tradición. Vamos a ensayar. Vamos a cantar. Lo que nos queda por vivir vamos a cantar. No guardemos más luto.

Como sentencia Lino Betancourt, gran admirador de las hermanas:[1]

> La nostalgia y la música vienen dadas a través de la vivencia que nos aportan las letras de las canciones. La trova cubana tiene canciones para todos los estados anímicos: para el amor, el desamor, las desgracias que le ocurren a los seres humanos, las grandes alegrías que también gozamos los seres humanos. Siempre hay canciones, en la música cubana, para todos los estados anímicos…

27

[1] Alberto Santos (dirección y edición). *Nostalgia de trovadoras* (documental), 2013.

DÚO HERMANAS FÁEZ

La Revolución se esparce por campos y ciudades. En aquel humilde hogar camagüeyano, se preserva la tradición. Con el devenir de los años surge el dúo Hermanas Fáez, integrado por Floricelda y Cándida, acompañadas a la guitarra por su hermano René Fáez Neyra, reconocido ejecutor del género de la trova tradicional. Él, las escolta en las descargas familiares.

Descarga entre familia y amigos

Una mañana fresca de diciembre tomo la calle Rosario invitado por la vanguardia intelectual joven camagüeyana. Me presentan a Cándida Rosa. Diciembre de 2017 es un mes de alegría en espera del nuevo año. Cándida sobrepasa los ochenta y siete años. Su hermana había fallecido. Me mira fijamente a los ojos y observa a René como buscando consentimiento para revelar la historia. René hace un ademán de confirmación. A Cándida le brillaban los ojos. No obstante, su avanzada edad conserva la memoria de juventud.

Nosotros cantábamos porque mi papá y las hermanas de mi papá y mi mamá cantaban aquí en la casa lavando y limpiando. Nosotras nos aprendimos todos los números tradicionales escuchándoselos a ellos. Melodías que interpretaban mientras consumaban los quehaceres del hogar. Aprendimos a hacer el primo y el segundo. Hasta un falsete, trío y cuarteto.

Éramos cuatro hermanas. Mi Papá tocaba el tres, mi hermano la guitarra, desde chiquito tocaba muy bien la guitarra. Todo lo que estuviera de moda en esa época lo interpretábamos. Lo mismo un tango,[2] que una canción. La copiábamos, nos la aprendíamos y la montábamos. Fue una cosa natural, sin querer ser cantantes profesionales, ni ir a teatros, ni espectáculos.

René Fáez Martínez observa emocionado a su tía Cándida Rosa. Es como si volviera a vivir aquellos años bellos.

Todo salía de nuestros corazones. Cándida tiene mucha razón, no pretendíamos ser profesionales ni nada de eso. Algunas personas se preguntaban:

—René, ¿por qué ustedes no se presentan en la Casa de la Trova de la ciudad de Camagüey? Ustedes tienen mucha calidad. Van a cautivar al público.

—Sí, en cualquier momento de estos vamos a la Casa de la Trova a ver si nos dejan cantar.

—Claro que sí. Verás que van a triunfar. Vayan, vayan…

—Sí, sí, en una de estas noches vamos a ir.

—Ustedes, Floricelda, Cándida, estoy seguro de que les va a ir bien y las van a aceptar. Manuel del Rosario es una persona muy capaz y sabrá apreciar la calidad de interpretación de ustedes dos.

Escucharon el consejo. Una noche de verano se deciden. Dejan atrás la calle Rosario, atraviesan la calle Pintor, entran a Avellaneda y caminan por Ignacio Agramonte para posteriormente llegar a Maceo y salir al Parque Agramonte, frente está la Casa de la Trova. Ingresan antes de comenzar la descarga.

[2.] Señala el promotor musical francés, Cyrius Martínez que en uno de los discos con las Fáez hay una pieza de tango.

Floricelda conversa con Manuel del Rosario, director del espectáculo. El hombre la miraba fijamente, como incrédulo, pero acepta.

Las dos mujeres suben al pequeño escenario y comienzan a cantar. René, su hermano, como siempre, las acompaña a la guitarra. Los espectadores se levantan de los asientos, las aplauden y vitorean durante minutos.

Manuel del Rosario queda anonadado al escuchar a aquellas dos mujeres, ya mayores.

—Ustedes deben incorporarse al Movimiento de Artistas Aficionados. Ustedes nacieron para triunfar. Yo las voy a recomendar. Las apoyaré en todo.

—Hay Dios mío que compromiso —medita Cándida.

Es un acontecimiento cultural para la familia y Camagüey. Son invitadas a participar todas las semanas en la Casa de la Trova.

Y escucharon las recomendaciones de Manuel. Tanto Floricelda como Cándida están muy impresionadas. Con la ayuda del amable director se incorporan a los ensayos. Además, Manolo es quien realiza las programaciones culturales. Con su talento se ha ganado ese prestigio.

Los integrantes del grupo Golpe a Golpe en una visita a Cándida Fáez

Manuel del Rosario es nuestro mayor inspirador, quién nos estimuló a entrar al Movimiento. Manolito nos llevaba a esos festivales, reflexiona Cándida.

El propio Manolo realizó los trámites para la licencia cultural. Yo trabajaba en la fábrica de quesos y mantequilla Guarina, mi tío René en los ferrocarriles y mi hermana Floricelda, ama de casa, rememora Cándida.

Enseguida son seleccionadas para cantar en Festivales Nacionales y otros eventos de la Trova. Actuaron junto a Silvio Rodríguez, Pablo Milanés, Noel Nicola y Sara González, entre otros. Las Hermanas Fáez son una verdadera revelación.

La casa de la familia Fáez se convierte en un sitio de referencia de solistas y músicos. La noticia de la existencia de un hogar donde convergen figuras destacadas del cancionero cubano se esparce de oriente a occidente de la isla.

¿Sería real que dos mujeres desconocidas fueran capaces de causar tanta sensación?

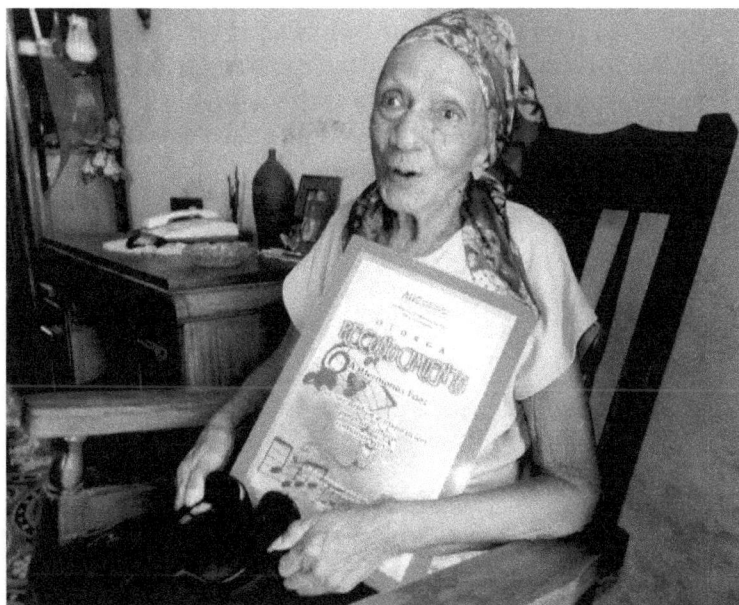

Cándida Fáez rememora los bellos momentos de sus giras por-Europa y África

Una verdadera revelación

Las hermanas Fáez son visitadas por figuras sobresalientes de la cultura y la cancionística cubana. Sus vidas transcurren en un ambiente de cantares, evocaciones, poesía y guitarra.

—Mis tías interactuaron con Tito Gómez, Faustino Orama, El Guayabero, Matamoros, Elena Burke... —afirma René Fáez Martínez.

> Los artistas cuando pasaban por Camagüey traían la referencia sobre la casa de la familia Fáez para descargar música tradicional. Muchos creadores de Oriente, ya nos conocen. En Antilla existió una brillante orquesta de música popular llamada Brisas de Nipe, una orquesta de la familia Fáez, orgullo de los habitantes del municipio.

René Fáez Neyra, igualmente las tutela por vida. Pero fallece en 1985 y las dos mujeres silencian su voz como expresión de pena por la muerte de su hermano. El dolor vuelve a la familia. Escuchar el sonido de una guitarra provoca sentimiento en aquellas mujeres. Están decididas a dejar de cantar.

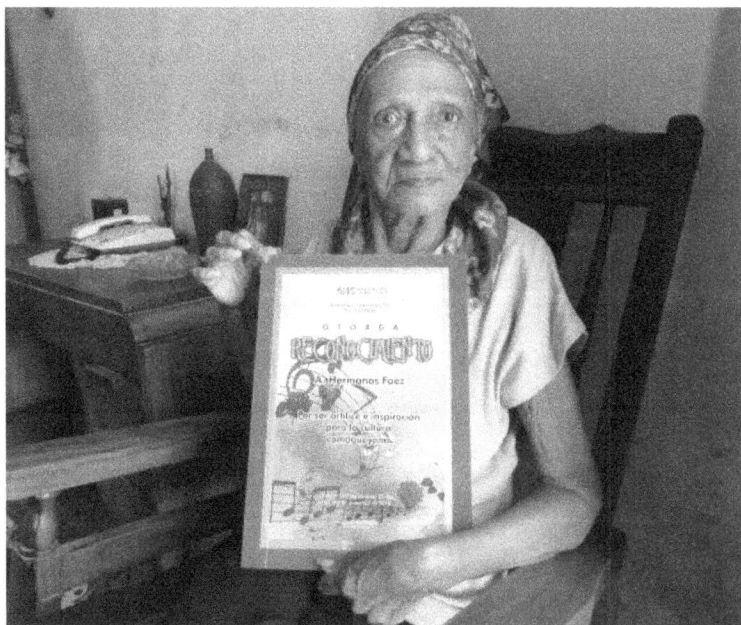

FAMOSAS A LA TERCERA EDAD

En 1998 viaja de Santiago de Cuba a la ciudad de Camagüey el promotor discográfico francés Cyrius Martínez, interesado en escuchar música tradicional para un disco que preparaba en la referida urbe. Se había reunido en La Habana con el músico Pancho Amat, para que le pusiera música, interpretada en el tres, a un disco que había grabado con algunos trovadores en Santiago de Cuba. El disco lo tenía titulado: «Casa de la Trova».

Al arribar a la Ciudad de las Iglesias, se hospeda en una casa de renta, en la calle María Curie.

—¿Está de turismo en Cuba, señor? —pregunta el propietario del hostal.

—No tanto como turista. Mi objetivo es escuchar a la Camerata de Camagüey para un proyecto musical.

—Pues mire señor, a dos cuadras de aquí del hostal, vive el director de esa orquesta.

El productor discográfico tiene marcado interés de realizar una audición de la Camerata, dirigida por el violonchelista Juan Ramón Orol.

Como ya ha dicho, el músico francés pretende revalorizar la Trova, rescatarla del olvido, al ser transmisión oral se está perdiendo.

Luego de hospedarse encamina sus pasos a la casa del talentoso músico. Tras su presentación y explicar sus objetivos le dice:

—Juan Ramón, quisiera escuchar a su orquesta. Y si todo sale bien usted se encarga de los arreglos —sugirió Cyrius Martínez.

—Le seré sincero señor Martínez: soy director de orquesta y músico, pero no arreglista.

—Pero, tengo entendido de que usted realiza buenos arreglos musicales.

—Mire, Martínez, no se preocupe. Tengo un amigo, René Fáez Martínez, quien estuvo durante veinte años en la Orquesta Sinfónica.

Es un excelente arreglista y estoy seguro de que es lo que usted está buscando. Él conoce de la música tradicional —recomienda Juan Ramón.

—Pero, la persona que necesito debe ser cómo usted, tiene que conocer la trova, porque la esencia es la trova tradicional —insiste el francés.

—Estoy de acuerdo con usted, Martínez. Por eso pienso que mi amigo puede cubrir sus expectativas. En esa casa siempre se ha cantado trova. Precisamente René regresó recién de La Habana y puede ayudarlo mucho en su empeño. Vamos a ir a verlo. Primero me pondré de acuerdo con René para que nos espere y usted le explica sus objetivos.

Juan Ramón levanta el teléfono y disca:

—Buenas tardes, René, le habla Juan Ramón. Perdona, pero tengo aquí a un productor musical francés que desea hablar con usted.

—¿Esta misma tarde? —pregunta René asombrado.

—Sí, esta misma tarde. Está de paso por Camagüey y continúa viaje mañana.

—Pues dile que se llegue a mi casa a tomar café y así podrá escuchar a mis tías cantando.

Son alrededor de las dos de la tarde. Abordan un viejo auto de fabricación estadounidense propiedad de Juan Ramón. Llegan a la calle Independencia, luego Martí y Avellaneda. Bajan por Rosario. Ya René los estaba esperando en la puerta de su casa.

Vivienda de la familia Fáez en Camagüey

Juan Ramón y Cyrius Martínez les exponen los motivos de aquel encuentro fortuito. René había pedido a Cándida y a Flor que participaran en la reunión.

—Estamos a su disposición señor, Martínez —le dice René.

Las horas transcurren. René interpreta a guitarra los números sugeridos por el productor, mientras su tía Flor enciende un cigarrillo que apaga en el cenicero ya cuando le quema los dedos de la mano. El hombre escucha atento cada melodía. Es una persona con mucho conocimiento musical, cantante y pianista, pero es ante todo un cazador de talentos.

—Muy bien, magnífico —dijo satisfecho el promotor francés.

—¿Las Tías no le van a cantar una canción? —insiste Juan Ramón.

—¿Pero ellas cantan? ¿Todavía ellas cantan? —pregunta el francés con dudas y asombro.

—Sí, ellas cantan y muy bien —responde Juan Ramón.

—Sí, nosotros descargamos en la Casa de la Trova —afirma Cándida.

—Cantadle una canción —pide Juan Ramón.

—¿Puedo grabar las voces de las señoras? —pregunta Martínez.

—Por su puesto. Un honor —responde René.

Cuando el promotor francés escucha aquellas voces que se sienten a tres cuadras de la casa, queda impactado. Cyrius Martínez sabe que ha descubierto un filón precioso.

—¿Si yo las invito a grabar un disco, ustedes van, a Santiago de Cuba? —pregunta melancólico con lo que había vivido en aquel humilde hogar. Pasan de las nueve de la noche

—Si me busca una botella de aguardiente voy y la grabo —dijo Cándida en forma de broma, aun incrédula y sonriente.

—Es una jarana. Nunca pensé que usted tomaría esa decisión —se justifica la mujer.

—¿Si las mando a buscar ustedes van? —reitera el francés.

—Estamos dispuestas a ir Santiago de Cuba. Claro que sí —responde René, aun dudoso de que fuera real la propuesta.

«*Muchos empresarios me han prometido grabar un álbum con las Hermanas Fáez, pero todos se quedan en compromisos sin efectos*», reflexiona para sí René tras escuchar la propuesta del promotor discográfico y cantante Cyrius Martínez.

El hombre, emocionado se despide de las dos mujeres y el guitarrista.

René se queda pensativo unos segundos mientras ve partir a los dos músicos. «*Este hombre se ha dado cuenta de los valores musicales de mis tías, lo que no ha pasado en Cuba*».

No obstante, René, con dudas, les dice a sus dos tías:

—No se entusiasmen con eso. Ya yo he hablado con muchos empresarios que dijeron lo mismo.

Pero las dos mujeres mantienen la esperanza de que esta vez el álbum se grabara. Cándida tenía esa expectativa.

Corre el mes de noviembre de 1998. Tres días después de aquella inesperada visita se escucha el timbre del teléfono. René atiende la llamada.

—Buenas tardes. En que podemos servirle.

—Buenas tardes. Mire, René, le habla Martínez.

—Sí, sí. Dígame.

—René, es para verificar si están dispuestos a viajar a Santiago para la grabación del disco.

—Nuestra disposición está en pie, señor Martínez, pero como usted sabe estamos en situación económica muy difícil. Nuestra economía no nos permite viajar a Santiago.

—De eso no se preocupe, René. ¿Cuánto ustedes necesitan para viajar a Santiago?

—Alrededor de 1000,00 pesos señor Martínez.

—En las próximas horas viajará a La Habana un especialista de la Detour Warner y de paso por Camagüey les dejará el dinero que usted solicita.

René esperaba 1000,00 pesos en moneda nacional y recibe 1000,00 euros, suficiente para comprar los vestidos y zapatos a las tías y las ropas y calzados para él.

Llegan a Santiago. Casi sin ensayar las dos abuelas dejan escuchar sus voces. Ensayan, solo un momentito antes de iniciar la grabación con el grupo Los Guanches.

Un músico que se encuentra en los estudios se pone de pie.

—¡Eso eso sí es trova! ¡Ellas sí transmiten el alma de la trova!

Se trata de Ángel Almenares prestigioso músico santiaguero.

—¡Increíble! En menos de una semana hemos grabado tres números musicales para el disco —exclama Cándida Está muy feliz.

Regresan a Camagüey. Les informan que el disco tiene una gran acogida en Francia.

Después de quince años sin cantar, tras el fallecimiento de su hermano, en 1983 en aquel terrible accidente ferroviario, Floricelda y Cándida, sin preparación alguna, entonan temas de la trova tradicional cubana.

René confirma que ensayaron una sola vez y se realizó una sola toma. Las dos mujeres cantaron sin equivocación. «¡Fantástico!».

Las Hermanas Fáez, devienen suceso musical luego que el cantante y promotor discográfico Cyrius Martínez,[3] acertara a escucharlas con la intención de grabar un álbum con números musicales tradicionales. Las ancianas triunfan y son noticias en Europa.

Con notable éxito de presentaciones en todo el sur de Francia, el Compact Disc. La Trova de las Fáez, es seleccionada uno de los veinte discos de música típica (trova tradicional), más importantes del siglo XX, según la encuesta realizada por el importante diario francés *Le Monde* para conocer las mejores antologías, reunidas en soporte electrónico. Entre los de mayor impacto el número «Flor de Venganza». ¡Un descubrimiento insólito! Se trata de una agria crónica del despecho y el rencor.

37

«Desde luego, la Detour Wagner alquiló todo eso, mandó los técnicos y se hizo la grabación. Luego continuaron la masterización en Francia o en Inglaterra», aclara René.

El 28 de abril de 1999. *Le Monde* resalta en francés:

> *La trova, chanson des troubadours cubains. Trois nuits Parísinnes sont consagrees a ce gnre sentimental et patriotique, apparu a santiago a la fin du XIX siecle* («La trova, canto de los trovadores cubanos. Tres noches en París están dedicadas a esta generación sentimental y patriótica, que apareció en Santiago a finales del siglo XIX»).

Meses después de la grabación Martínez, vuelve a llamar a René.

[3.] Cyrius Martínez produjo, junto con Emmanuelle Honorin, el álbum *La Casa de la Trova* (Detour, 1998), donde quedaron registradas, entre muchas otras, las voces de las hermanas Fáez, a quienes también les coproduce, dos años después, el CD «La Trova de las Fáez» (Detour, 2000).

—Les tengo una sorpresa. Están invitados a un concierto en el Hotel Balcón del Caribe, de Santiago de Cuba para la promoción del disco *La Serenata Picante.*

Floricelda Fáez Neyra. Voz prima del dúo

Cuando las dos mujeres entran al hospedaje las esperaban varios periodistas y fotógrafos franceses.

—¡Mire tías! Es a nosotros a quienes están tomando fotos. ¿Por qué será?

Se había realizado un prelanzamiento allá en Francia y las Hermanas Fáez distinguieron con los tres números tanto en Francia como en Europa.

Cyrius Martínez había viajado a Santiago de Cuba con un grupo de periodista de su país. Las Hermanas Fáez son comparadas con Compay Segundo. Constituyen la contrapartida de Compay Segundo. Las identifican como Las Chanchanas y a Compay Segundo el Chanchan.

Como estaba de moda el Chanchan, a las dos viejitas, un periodista que las entrevistaba le dice:

—¿Ustedes son las Chanchanas?

—No, no, no, nosotros no somos las Chanchanas, nosotras somos el dúo: Hermanas Fáez —le responde Cándida.

Luego de aquel acercamiento les llega el primer contrato por parte de la Warner Music. Son invitadas a Francia, junto a otros músicos de la Trova tradicional cubana.

Las dos mujeres están sorprendidas:

—¿No puedo creer viajar a Europa a hacer lo que llevo toda la vida en mi casa: cantar? —se pregunta Flor.

—Hace mucho frío en Madrid —inquiere Cándida.

En abril de 1999 las Hermanas Fáez, emprenden vuelo hacia España, país en el cual el disco *La Serenata Picante* tiene un gran éxito.

¿Por qué no nos pasó esto cuando teníamos veinte o treinta años? Tengo sesenta y ocho y Flor setenta. Somos unas viejas. No es fácil montarse en un avión con nuestra edad, viajar, experimentar algo nuevo que no sabemos cómo nos van a recibir el público, medita Cándida.

«*Nuestro cuarto de hora ya paso*», razonan ambas con pesimismo.

El 15 de abril de 1999, en la edición Dominical *El Periódico* anuncia la visita:

Tradición Oral
La próxima semana media docena de viejos trovadores del Oriente cubano traerán a España su música condenada a perderse.

Llegan a España. Tienen una presentación en Madrid.

Con el título «El alma de la Trova», el Diario *La vanguardia* adelanta el sábado 24 de abril: *Un grupo de veteranos trovadores cubanos ofrece hoy un concierto único en la sala Apolo.*

Las mujeres declaran que sus abuelos fueron ferroviarios y su papá también. Entonces el Sindicato de los Ferroviarios en España presta un castillo para que dieran el concierto en esa gran mansión. Contaba con oficinas y un teatro. Un castillo de verdad de esos que se ven en las películas. Está programado el primer concierto en Madrid, ahí en ese lugar.

Ya desde Cuba, los organizadores del evento habían pensado en la escenografía para dos cantantes de la tercera edad, que aunque vigorosas, no debían permanecer de pie durante dos horas de espectáculo. El lugar es grandísimo.

Las dos mujeres, una de sesenta y ocho años y la otra de setenta, se sientan en sillas alrededor de la mesa, sobre la mesa redonda un mantel que cubre toda la mesa y encima del mantel una botella de Ron Havana Club 7 años, dos vasos, agua, flores rojas, un cenicero y cajas de olorosos cigarrillos. La misma ambientación que había utilizado en Cuba. Al lado de las dos abuelas, René con la guitarra y Pancho Amat con el tres.

—Tías, ¿Cómo vamos a llenar este castillo tan grande?

—Verás que todo saldrá bien.

Es la primera actuación en España de las Hermanas Fáez. Flor toma la botella de ron en sus manos. Le quita la tapa y dice:

—Es una costumbre en Cuba, de mi tierra, antes de beber del ron echarle un poquito a los santos y a nuestros fallecidos.

Inmediatamente pone en práctica la tradición y empieza a bailar.

Los fotógrafos que dan cobertura al concierto aprietan los obturadores de sus respectivas cámaras.

Las Fáez mientras esperan para uno de sus conciertos en su gira por Europa

Al siguiente día, muchos periódicos españoles publicaron el acontecimiento.

Martínez, temprano visitó a las dos cubanas y le pide a Flor.

—Eso que hiciste anoche, impactó. Debes repetirlo en el próximo concierto.

En España nosotros tocamos en ese castillo y en frente había una avenida, y edificios de solo cuatro o cinco plantas. Estaban ubicados frente al castillo. Tuvimos que esperar para salir del Teatro pasada la una de la madrugada, porque asistieron cientos de personas. Cuando el público dejó libre el castillo, salimos. Los vecinos que vivían frente habían escuchado el concierto desde sus casas. Estaban parados en los balcones de los edificios esperando que saliéramos. Cuando nos vieron comenzaron a aplaudirnos. Exclamaban. ¡Viva Cuba![4]

Actúan, además, en el teatro Apolo de Barcelona. Éxito rotundo. Les regalan bellos ramos de flores.

Esto es increíble. A ver quién nos iba a decir a nosotras, viejas y feas, que íbamos a tener este recibimiento. La mayoría de la gente va a ver una artista porque es bonita, porque lleva un traje elegante, porque tiene la cintura estrecha, un cuerpo bonito...A la gente le gusta el lujo, el oropel. ¿Pero a nosotros mujeres ya usadas, ¿qué nos queda hija? Solo un poco de garganta, le dice Flor a la periodista.[5]

Todo listo para el viaje a París.

El disco «La Trova de las Fáez» realza los valores de la Trova Tradicional Cubana y latinoamericana. En su amplio repertorio sobresalen entre otras canciones, «Nena», obra escrita en 1918 por Patricio Ballagas y «Santa Cecilia», de Manuel Corona. Constan en el álbum melodías como «Alfonsina y el mar», Argentina; o «Perdón», Puerto Rico.

La Trova sin trago se traba[6]

Las hermanas Fáez, su sobrino René, Zaida Reyne y el trío Miraflores, juntos en un disco.

El alcohol no es la única sustancia capaz de ganar con el añejo sabor de los años. A la música cubana le ocurre eso mismo. A medida que sus intérpretes van cumpliendo edad, el son va recordando la historia de una isla en la que al mar se le ha quedado corta la proporción de sal por culpa del refino. El que nace, por un lado,

---

[4.] Fragmento de diario español que atesora la familia
[5.] Entrevista realizada por la periodista Teresa Sesé, en Barcelona
[6.] Entrevista realizada por Javier de Cambra, para El diario *La Razón*, 1928

de la caña de azúcar y, por otro, de las intensas veladas que vienen ofreciendo generación tras generación los jinglares de Santiago. Todo ello suena ya en *La casa de la Trova*, un álbum que se hizo escuchar ayer en Madrid. Conclusión: Puro refino.

El texto de Javier de Cambra fechado en Madrid se publica al siguiente día del cumpleaños de Floricelda Fáez Neyra (20 de junio en 1928).

Floricelda Fáez celebró ayer su 71 cumpleaños cantando en un escenario (en el Palacio de Fermín Núñez) en la presentación del disco colectivo «Casa de la Trova». Con ella venia su hermana Cándida, dos años más joven y con Floricelda y Cándida no una abuela desalmada sino su sobrino, el guitarrista René Fáez, Zaida Reyte, campeona de la Trova de Santiago de Cuba, y el trio Miraflores. En el caso de las hermanas Fáez es la primera vez que salen de Cuba y también fue su estreno en un escenario de grabación. Desde sus nombres a sus voces todo suena a realismo mágico y es que han atesorado en pequeños cuadernos los cantos de la vieja Trova, el sustrato más antiguo en activo de la música popular cubana. Las hermanas Fáez no habían cantado profesionalmente hasta ahora, pero han sido troveras desde niñas: «Cantabamos —dice Floricelda— en casa, no había televisión ni radio y era nuestro modo de divertirnos. Pero donde había artistas siempre nos llamaron. Desde el 70 hasta el 83 que murió nuestro hermano, nos llamaron todos para cantar con ellos: Silvio Rodríguez, Pablo Milanés, Sara González, Cesar Portillo de la Luz… nosotras éramos aficionadas, pero ellos nos buscaban» …

«La casa de la Trova», título del disco, hace referencia a los locales que sirvieron para mantener esta tradición oral: «La Trova» —dice René Fáez— es una tradición que se ha mantenido dentro de la familia y se crearon estas casas para aglutinar pequeños grupos y hacer lo que siempre hemos llamado una descarga, una improvisación. Las veladas de canciones y serenatas».

Ha sido Cyrius Martínez el productor de «La casa de la Trova» (Erato-Warner), el auténtico rastreador de los tesoros que encierra. Pronto encontró a Zaida Reyte, impresionante primera voz, en la casa de la Trova de Santiago. No era una conocida precisamente: «No puedo decir cuántos años llevo cantando en la Trova. Mi madre era trovadora vieja y yo empecé con ella cantando todo el rato. Desde entonces». Fue a través de René, titular de la Orquesta Sinfónica de Camagüey, que se topó con sus tías: «Nos sacó del polvo», aseguran, riendo, las hermanas Fáez que no dudan: «La Trova es el sustento más antiguo de la música popular cubana, la esencia y el germen de la cultura musical cubana». Y añade René, el sobrino: «La Trova tiene giros armónicos, melódicos, y rítmicos muy específicos. Eso no se puede aprender en una escuela o en una academia. Por eso no os de extrañéis de la avanzada edad de muchos músicos cubanos que ahora se conocen. Nuestra música no se aprende en un día». Y termina Cyrius Martínez: «No todo el mundo tiene la llave y la clave de la Trova. Y ellos la tienen».

43

Las Hermanas Fáez en la Catedral de Notre Dame

DE FIESTAS FAMILIARES A CONCIERTOS INTERNACIONALES

No imaginaban ni René ni las hermanas Fáez que aquellas fiestas familiares en las que se cantaba por pura afición y amor al arte transcenderían las fronteras no solo de Camagüey sino también de Cuba.

El dúo cautiva con sus voces a espectadores de París.

France-Soir L Evenenment había publicado: «abril de 1999 en el escenario *New Morning*. En la inauguración de su primer concierto Parisino, su primer viaje fuera de Cuba, las Fáez eligieron una serenata: «Perdón», en unas notas de guitarra, sus dos voces roncas y levemente nasales, desgastadas por los cigarrillos y los años se entrecruzan en una deliciosa melodía en contrapunto».

Las Hermanas Fáez en los ensayo. Sobre la mesa, rosas y ron cubano

En la capital francesa las Hermanas Fáez cantan en un teatro, con gran escenario y balcones. Es como el termómetro de los artistas que llegan a la ciudad europea.

En sus paredes aparecen fotos de artistas distinguidos de todo el mundo que han actuado en la hermosa y amplia mansión Parisiense (desde la década de 1940). Cerca del escenario, en lugar de lunetas, los espectadores ocupan los asientos colocados en hermosas mesas.

Cándida es la diplomática de la delegación, mientras su hermana Flor interactúa con el público, aunque no está en el guion. Detiene el espectáculo para hablar con espectadores.

—Flor, no. No hagas eso —le pide su tío René, pero ella no hace caso. Intercambia cortésmente con el público.

Flor toma la botella de Havana Club y rocía el escenario con el dorado ron. Los participantes, también vierten el champan que contiene sus copas.

—Pero ¿no me digan? ¡Ustedes aquí en Francia también son santeros! —exclama Flor a los espectadores, quienes de pies aplaudían a las dos cantantes cubanas.

Depositan en sus vasos una línea de ron. Terminada la canción alzan el vaso y toman su contenido. Lo repiten varias veces durante la actuación.

—La trova sin trago se traba —sustentan Flor y Cándida con achispado sentimiento.

Las Hermanas Fáez interpretan varias canciones. No hay nada geriátrico en el espíritu de las actuaciones. Los espectadores, ardientes de emoción, aplauden sin cesar. Se escucha una voz entre el público:

—¡Floricelda! ¡Floricelda! ¡Floricelda!

La mujer deja de cantar. Observa a un hombre negro de pie, eufórico de felicidad.

—¿Quién me habla?

—¡Soy de Cuba! Soy cubano. Soy tataranieto de Quintín Bandera.[7]

Es inaudito. Flor, entre el humo de los cigarrillos, dirige sus ojos saltones a la multitud, donde encuentra a aquel muchacho, familiar

45

[7.] José Quintino Bandera Betancourt (Santiago de Cuba, 30 de octubre de 1834-23 de agosto de 1906). Patriota cubano, más conocido como Quintín Bandera. Fue famoso por sus cargas al machete, combatió en las tres guerras de independencia de Cuba hasta alcanzar los grados de general de división. Fue asesinado por la guardia rural durante la Guerrita de agosto de 1906.

del patriota y general de tres guerras por la Independencia de Cuba contra el colonialismo español.

—Hay mijo. ¿Qué tú haces tan lejos, con el frío que hace en este país?

—Vine a Francia cuando era un niño. Me alegra mucho verlas a ustedes cantar. Son cubanas igual que yo —expresa aquel cubano con ojos brillantes de felicidad.

René le pide a Flor que se concentre, que reinicie el concierto. La mujer, con aquella forma simpática de expresarse y musicalidad, sigue la charla como si lo conociera de toda la vida.

—Estás lejos sí, pero llevas a Cuba en el corazón. Porque Cuba es tierra de almas. ¿Qué deseas que te cante, amigo mío?

—Quiero que ustedes me canten, Floricelda, «Dos Gardenias».[8] —pide con nostalgia y marcada humildad.

—¡Ay mijo! Ese número no lo poseemos, porque lo tienen montado aquí en Francia, Buena Vista Social Club. Pero bueno se lo voy a cantar a capela. Para ti y para todos los que nos acompañan en este bello lugar —responde la clásica criolla, quien con su voz melodiosa penetra en los corazones de las decenas y decenas de personas que colman el recinto.

A capela, Flor comienza a cantar con aquel «timbre» genuino de los vocalistas cubanos y se le une Cándida, mientras Pancho Amat y René los buscan el tono en el tres y la guitarra, respectivamente. Se fueron sumando los demás músicos. Amat es el director musical de todos los espectáculos. ¿Quién no se conoce en Cuba «Dos Gardenias»?

Dos gardenias para ti
Con ellas quiero decir
Te quiero, te adoro, mi vida
Ponle toda tu atención
Porque son tu corazón y el mío

En la segunda estrofa de la melodía las acompañan. Entre ellos René y Pancho Amat.

[8.] «Dos Gardenias» Es un bolero escrito en 1945 y en 1947 se convirtió en éxito en Cuba cuando salió al mercado en disco, en la voz del boricua Daniel Santos acompañado por la orquesta Sonora Matancera y con arreglos de Dámaso Pérez Prado, toda una joya.

Con Pancho Amat y René

Todo el público de pie, aplaudiendo.

¡Guapas! ¡Guapas! —le gritaba el público embrujado por la magia de aquellas dos abuelas: las Grandes hermanas Fáez.

Las dos voces logran una intimidad y comunicación con el público impresionante, mágico. Transmiten sentimientos. Se trata de un público que no habla castellano. Rompen la barrera del idioma.

Dos gardenias para ti.
Que tendrán todo el calor de un beso
De esos besos que te di
Y que jamás encontrarás
En el calor de otro querer

A tu lado vivirán y te hablarán
Como cuando estás conmigo
Y hasta creerás que te dirán:
te quiero

Pero si un atardecer
Las gardenias de mi amor se mueren
Es porque han adivinado
Que tu amor se ha terminado
Porque existe otro querer

A tu lado vivirán y te hablarán
Como cuando estás conmigo
Y hasta creerás que te dirán:
te quiero
Pero si un atardecer
Las gardenias de mi amor se mueren
Es porque han adivinado
Que tu amor se ha terminado
Porque existe otro querer.

Las hermanas Fáez, las voces del recuerdo

—¡Qué canto, qué lirismo! —exclama el musicólogo Lino Betancourt.

Son voces añejas, pero fuertes, vigorosas y siempre con una musicalidad extraordinaria.

—Ustedes, dejan muy bien puesto, el nombre de los trovadores y la música cubana —reconoce Pancho Amat.[9]

---

[9] Alberto Santos (dirección y edición). *Nostalgia de trovadoras* (documental), 2013.

Las dos hermanas y su tío, al siguiente día entran por la parte de atrás del Café porque la principal estaba abarrotada de personas.

Los artistas observan un grupo de jóvenes con el pelo pintado de rojo, verde y otros colores que interpretan, en castellano, canciones del disco «La Trova de las Fáez».

—Qué canciones más bellas vocalizan ustedes. ¿Dónde se las aprendieron? —los elogia Cándida.

—Son canciones cubanas que nos gustan mucho —responde uno de ellos.

Los muchachos no se dan cuenta que aquellas dos mujeres son las intérpretes de aquellas melodías.

Comenta René Fáez Martínez:

> Tenemos muchos éxitos durante la actuación de viernes a domingo a teatro lleno, a tope, tan fue así que tuvimos que realizar dos conciertos diarios (matinée y nocturno). Descansamos dos horas y por las noches repetíamos la actuación.
>
> En París, luego del rotundo triunfo participamos en programas de Radio y Televisión. Intercambiamos, de tú a tú, con destacados intelectuales y locutores, entre los que resaltan la cantante sudafricana Zenzile Miriam Makeba, conocida también como Mamá África y el director de cine, guionista y productor español Pedro Almodóvar Caballero, entre muchas otras figuras.

Al recinto cultural recreativo llega el cantante, compositor, actor, director, diplomático y poeta francés de origen armenio, Charles Aznavour. Ocupa una de las mesas, próxima a Flor, Cándida y René.

—Cándida, René…Miren. Ese creo que es Charles Aznavour —Flor se emociona al verlo tan cerca.

Aznavour se da cuenta que las dos abuelas lo observan con emoción y las saluda con las manos.

Flor se pone de pie y le canta un fragmento ¿Quién?, una de las melodías del francés.

Quién será mi revelo, quién te va a convencer?
Quién volverá de nuevo a reinar en tu ser?

Quién cuando ya me ausente, va a cruzar el puente
Que mande a cerrar y pondrá colores
En tus sinsabores y te hará olvidar pronto mi pesar?

Yo tengo el doble de tu edad, más no me importa sucumbir
a ver de cara la verdad del porvenir
No vistas luto por mi amor pues no me gusta ser cruel
y sé que nunca ese color le fue a tu piel.

Charles Aznavour sonríe. Se pone de pie y camina hasta donde está Flor. La abraza emocionado con simpatía. Conversa con los cubanos, la invita a participar en la grabación de un disco con él y se despide.

Los amantes de la música cubana piden autógrafo a las cantantes

La actuación de Las Hermanas Fáez se prolonga a quince días. En la entrada de uno de los teatros en París, donde cantan está ambientada con una reproducción de la Casa de la Trova de Camagüey.

Las Fáez cautivan a los espectadores franceses que tienen la posibilidad de escuchar sus dulces voces. Ellas viven lo que dicen las canciones, le ponen alma a lo que expresan, porque lo hacen con naturalidad, belleza, originalidad y sentimientos, Grandes lumínicos resaltan la imagen de las dos mujeres.

Los espectadores, ardientes de emoción intercambian con Flor

Flor, Cándida y René recorren París. Observan en un hermoso 51 edificio de la avenida de Montmartre una foto de gran formato de las dos hermanas. Quedaron atónitos.

—¡Miren aquello! —señala René, asombrado.

—¡Ahhh! ¡Qué grande, qué inmensa imagen! —exclama Flor.

El edificio se ve a kilómetros del auto en el que viajan. Siempre a su lado Cyrius Martínez y la periodista y fotógrafa francesa Enmanuelle Honorin.

La Fotografía, en una gran tela, cubre la altura del edificio.

Cándida queda sorprendida y se tapa con las dos manos la cara.

—«¿Será una ilusión?», piensa Cándida:

«No quiero ni mirar. Me salta el corazón. ¿Cómo es posible que nos pudieran pintar de ese tamaño en un edificio?».

En una columna de una estación de radio también está la foto de Cándida y Flor.

Similar experiencia vive en Montpellier, una ciudad del sur de Francia, capital de la región de Languedoc-Rosellón y del departamento Hérault. Está cruzada por dos ríos, el Lez al este y el Mosson al oeste. Situada sobre un terreno ondulado, a diez kilómetros de la costa mediterránea.

Para entrar al poblado se transita por una carretera con un acantilado y en el farallón. En el farallón están pintadas las imágenes de las dos abuelas cubanas. Aún están los creadores. Le facilitan a Cándida y a Flor un *spray* para que firmen. Ambas firman y los dos hombres se muestran muy alegres.

El periplo de las Fáez por el sur de Francia, recordó René, constituyó toda una revelación insólita.

El cumpleaños Cándida, coincide el 30 de julio de 1999 con un recital del dúo en la ciudad francesa de Tolup. El teatro está ubicado en el centro de la inmensa plaza. Luego del debut de las hermanas, los luminotécnicos dejan en total oscuridad en coliseo. En una gran tela aparece Feliz cumpleaños, Cándida. Los espectadores le cantan a Cándida Cumpleaños feliz.

El alcalde de Tolup la felicita y regala un bello ramo de flores.

—Estoy muy contento con la presencia de ustedes en la ciudad. Me he emocionado con sus actuaciones y deseo festejar con usted su cumpleaños.

—Muchísimas gracias, señor alcalde. Estoy totalmente enternecida con la acogida que nos han dado, usted y su pueblo.

El alcalde acompaña a los cubanos hasta la salida del teatro. La gente está de fiesta en la gran plaza.

—¡Ah! parece que hay fiesta! —dice Cándida aun con lágrimas en los ojos de la impresión.

—Pues sí, el pueblo le está celebrando a usted el cumpleaños —respondió el alcalde.

Los invitan a un restaurante en las afueras de la ciudad. Viajan de extremo a extremo de Tolup. El establecimiento, está lleno. Cuando las dos mujeres entran al restaurante, todas las personas que están en el sitio se levantan de las sillas y comienzan a aplaudirlas.

¡Bravo. Bravo!, repetían en francés y español.

«Cándida y Flor habían actuado en un teatro muy lejos del restaurante, así que es imposible que hayan sido los mismos espectadores del concierto que acaban de ofrecer. Lo anterior demuestra la gran popularidad de las Hermanas Fáez en Francia», expresa René.

En columnas y paredes de las ciudades de Francia estaban pegados publicidades con las fotografías de las dos abuelas cubanas, anunciando sus conciertos.

Los cubanos se sientan en una de las plazas de la ciudad. Los transeúntes los observan con curiosidad. Algunos de aproximan a las cantantes. Le piden autógrafos, pregunta sobre Cuba. Mas personas se van sumando con simpatía. Llegan el promotor discográfico francés Cyrius Martínez y la periodista Emmanuelle Honorin, a quienes no dejan pasar. Había que continuar viaje. Cyrius y Emmanuelle, piden a la policía que les ayuden a sacar a los artistas rodeados de la multitud.

Flor y Candida, el promotor francés Cyrius Martínez y la periodista Emmanuelle Honorin

La gira transcurre con todo éxito y emociones deslumbrantes. En una de las actuaciones del dúo Hermanas Fáez en Francia, el productor quiere terminar el concierto con la canción «Perdón»,[10] y René se niega rotundamente.

—René, vamos a cerrar el espectáculo con la canción «Perdón», —indica el productor con acento francés.

—Pero, usted, ¿cómo va a terminar el concierto en baja? —refuta René.

—Pues, sí, vamos a cerrar con «Perdón».

—Bueno, ¡canten «Perdón» a ver qué pasa! —dice René molesto.

«Perdón es una canción muy linda, pero para cerrar un espectáculo no es la más adecuada», medita René.

Cuando las Hermanas Fáez comienzan a interpretar la canción se hace un silencio casi absoluto. Aquellas voces dulces y limpias

---

[10] «Perdón» de Vicente Fernández.

llegan al corazón de cientos de personas que concurren al concierto. La voz prima de Flor, seguida por la de Cándida, encanta, fascina: «*Perdón vida de mi vida/ Perdón si es que te he faltado/Perdón cariñito amado/ Ángel adorado dame tu perdón/ Jamás habrá quien separe/ Amor de tu amor el mío…*».

Los luminotécnicos dirigen las luces hacia los espectadores que escuchan conmovidos aquella melodía. En sus rostros brotan lágrimas de la emoción. Cuando René mira para el público todo el mundo estaba llorando.

—Jamás pensé que esa canción tendría tanto impacto para cerrar el concierto —admite René.

Continúan las actuaciones de las dos abuelas en Francia. Gaetano Veloso quiere escuchar en vivo y en directo a las cantantes cubanas. En Cannes, Sete, un teatro griego, en Francia, Gaetano es el artista invitado del espectáculo. Las hermanas abren el concierto.

Sube al escenario Gaetano. Los espectadores lo aplauden.

—Les quiero pedir a dos extraordinarias cantantes cubanas, Cándida y Flor, que suban y me acompañen con la canción «Capullito de Aleli» —invita Gaetano.

El público aplaude ininterrumpidamente hasta que las dos abuelas y Gaetano comienzan a cantar.

Lindo capullo de aleli
Si tú supieras mi dolor
Correspondieras a mi amor
Y calmaras mi sufrir

Porque tú sabes que sin ti
La vida es nada para mí
Tú bien lo sabes
Capullito de aleli.

Las dos simpáticas mujeres, con aquel don natural comienzan a bailar con Gaetano. Un concierto apoteósico. El público tararea fragmentos de la melodía.

Como consecuencia de los éxitos, los organizadores programan nuevos conciertos en París.

Floricela y Cándida reciben de Claire Henault desde París, un Fax de Planeta Aurora el 14 de noviembre de 1999 en el que anticipaba la bienvenida a París.

«El Tour Manager que va a viajar con ustedes se llama Chantal. Mañana a las 11 h (salida 10H45 del hotel: ensayo en un estudio. El primer concierto esta el miércoles 17 noviembre en Anver, Bélgica. La primera semana viajan en tren y avión. A partir del 22 noviembre están en Alemania y los transportes se hacen en *bus*. Cada día, no olvidan su vitamina C que tiene Chantal para evitar catarro. Tienen un total de 11 conciertos ...».

Junto a Gaetano Veloso

LA MONARCA BRITÁNICA Y LAS FÁEZ

L a actuación de las Hermanas Fáez rebasa la expectativa de los organizadores de la gira por Francia. En París las cubanas aparecen en importantes diarios de esta ciudad del Viejo Continente.

El cantante y promotor discográfico Cyrius Martínez llega al hotel donde está hospedada la delegación musical cubana.

—Buenos días. Traigo excelentes noticias para ustedes. Viajan en las próximas horas a Londres —anuncia con ojos brillosos por la alegría.

—Que interesante, Martínez, para cerrar arriba el fin de año —responde René pleno de felicidad.

—Tendrán en Londres tres conciertos —especifica el productor discográfico francés.

Las Hermanas Fáez emprenden vuelo desde París a Londres. El año 1999 ha sido fructifico para la representación trovadoresca cubana con numerosos conciertos en noviembre y diciembre.

Del aeropuerto Parisino van directo al hotel. Después de hospedarse comienzan a preparar el repertorio. Tras ensayar algunas de las canciones bajan a *lobby* a esperar a Cyrius que había salido a precisar detalles de la actuación de las Fáez en la capital de Inglaterra. En el vestíbulo se sientan en cómodos muebles. Los empleados observan con simpatías a las dos cantantes.

De pronto aparece el francés con las dos manos sobre la cabeza. En un mal castellano dice alarmado.

—¡Hay madre!

—Qué sucede, Cyrius —preguntan casi a coro sin dejar de reír.

—¿Cómo? ¿Qué se suspenden los conciertos?

—¿Cómo es eso que se cayeron los conciertos? ¿Qué ocurrió? —se inquieta René.

—Pero, de todas formas, van a actuar en Hall Elizabeth it Reigns —dice el músico francés.

—René, que es eso —pregunta Cándida.

René les explica a las dos mujeres que es un sitio importante de Inglaterra. Es en el palacio de Buckingham, la residencia oficial del monarca británico en Londres. Distingue por el conjunto de obras artísticas como consecuencia del coleccionismo real.

—¿Y por qué vamos a debutar en el Buckingham? —se interesa René.

—La reina Isabel, la monarca británica quiere que demos el concierto ahí. A ella le encanta la música del Caribe —esclarece el productor francés.

«Entonces es verdad lo que me dijeron, chefs internacionales en Varadero, que a la Reina le encantaba la comida cubana», reflexiona René

—Sí, a ella le gusta la música cubana, porque han actuado allí, Compay Segundo y otros artistas de la isla —abunda Cyrius.

Llegan al palacio. Se inicia el concierto. Los presentes aplauden constantemente. Las canciones interpretadas por las dos abuelas impactan. Cantan con pasión agitando los brazos con elegancia. Reflejan una expresión tierna en sus rostros. Los ojos les brillan, llorosos, de felicidad. Terminado el espectáculo recogen los instrumentos y se dirigen al camerino.

Un hombre entra al camerino.

—La Reina quiere conocerlos, felicitarlos. Ya viene para acá. Ustedes deben cumplir el protocolo real. No se deben aproximar a la Reina, al menos que ella lo solicite. Cuando entre la Reina le hacen sus reverencias y al dirigirse a la Reina siempre como Su Majestad —indica el sorprendente personaje.

Alrededor de una docena de artistas están de pies y en fila. Están nerviosos por el pasmo. La Reina es recibida con admiración y cortesía como indica el protocolo. Los hombres, inclinan la cabeza y las mujeres toman la punta del vestido y reverencian a la Reina.

—Me gustó mucho el concierto. Muy bonitas todas las canciones. Tengo mucha referencia de la música cubana, especialmente la interpretada por Compay Segundo, Buena Vista Social Club y María Teresa Vera… —elogia con dulzura y amabilidad la Reina.

—Para nosotros ha sido un placer y una satisfacción cantar para Su Majestad —le responde Flor con emoción.

La Reina sonríe a los artistas. Se despide con cortesía.

—Les agradezco por el concierto y les deseo un buen viaje —expresa la Reina.

Las tres actuaciones en Londres se resumen en una sola en el Hall Elizabeth it Reigns. Las hermanas Fáez y acompañantes permanecen cuatro días en la capital de Inglaterra. Recorren museos, centros y sitios turísticos. Regresan a París para proseguir la gira por Europa.

Con René, Felices por el éxito de las giras

NOCHE CUBANA EN LYON CON LAS HERMANAS FÁEZ

M edios de comunicaciones de la ciudad francesa de Lyon difunden el concierto Noche cubana, este viernes 12 de enero
de 2001, con la actuación del dúo las Hermanas Fáez y la Orquesta
Nacional de esa urbe, ubicada al sureste del país.

En distintos sitios de Lyon, los organizadores ubican carteles
publicitarios sobre el acontecimiento: *L'Orchestre National de Lyon
presente Nuit cubaine, autour des soeurs Fáez.*

El duodécimo día del año en el calendario gregoriano, la delegación cultural de la isla caribeña emprende el recorrido hacia el
Auditórium de Lyon, en la calle Garibaldi, para iniciar los ensayos.
Aunque el espectáculo comenzará a partir de las seis de la tarde,
quieren estar en la instalación a las 11 ante meridiano.

Quedan anonadados con el esplendor de Lyon, sus ríos Ródano y Saona, antiguamente conocida en español como León de Francia.

Es una ciudad que supera el medio millón de habitantes, la tercera más poblada del país, por detrás de París y Marsella. Lyon distingue por su patrimonio histórico y arquitectónico, muchos de sus segmentos más antiguos declarados por la Unesco Patrimonio de la Humanidad.

Los sonidistas y luminotécnicos están en el colosal Auditórium de Lyon listos para el ensayo.

—Ya estamos preparados. ¿Qué estamos esperando? —se preocupa René.

—El director artístico aún no ha llegado —responde en francés uno de los técnicos de sonido.

René está nervioso y camina de un lado a otro del escenario. La preocupación es también de otros artistas de Argelina, Brasil…

—Miren, caballeros. Mientras aparezca el director artístico vamos a comenzar a ensayar, así vamos adelantando, porque si no perderemos mucho tiempo en la mierda esta de estar esperando —propone René.

—Perfecto. ¿Dónde le ubico los micrófonos señor? —se adelanta uno de los técnicos de audio.

—¡Qué bueno! Mire ponga un micrófono aquí para la guitarra, otro para el tres, las cantantes necesitan dos… —indica René la colocación de los micrófonos y apoya al sonidista.

Igualmente, los luminotécnicos se sumaron a los preparativos para el ensayo con el apoyo de los cubanos. El elenco inicia los ensayos. Cuando ya han terminado se aproximan los músicos argentinos pidiendo apoyo a René.

—Che, ¿vos cree que nosotros podamos ensayar con su ayuda?

—Sí, cómo no. Arriba.

Luego se incorporan los brasileños, el acordeonista francés, los chilenos.

—Todo muy bien. El espectáculo se va a realizar como se ha ensayado —afirmar el director del Auditórium de Lyon.

Minutos después se presenta el director artístico. No pone objeción.

El acordeonista, el último que acompañó a Edith Piaf,[11] una de las cantantes francesas más célebres del siglo XX, se brindó para trabajar con las Hermanas Fáez.

Exactamente a las seis de la tarde, hora de Francia, el escenario se ilumina. La multitud aplaude. Salen a escena las dos abuelas cantantes cubanas. Y los espectadores la aplauden. Los más próximos toman fotos con sus celulares. Unas cinco mil personas aplauden a las dos hermanas. El Auditórium de Lyon, está colmado.

—¡Bravo! ¡Bravo!

Termina el concierto. En el camerino llega un técnico del Auditórium.

—¿Quién es René? —pregunta.

—Un servidor —responde René

—Dice el dueño del teatro que quiere verlo, ahora.

¿Qué ha ocurrido?, se pregunta René para sí. ¿Será porque me yo me tomé la facultad de orientar a los técnicos de audio y luminotécnicos en los ensayos?

Inmediatamente se encamina a la oficina del dueño del teatro guiado por el muchacho. Saluda al hombre cortésmente, quien le extiende un sobre abierto.

—Mire señor, René, esto es para usted.

René observa el contenido del sobre.

—¿Y este dinero para qué? ¿Para repartir en el grupo?

—No, no, es para usted por los ensayos. Usted salvó el espectáculo. Usted fue el director artístico.

Una noche de éxitos.

La felicidad regocija a Flor y Cándida cuando le enseñan los periódicos franceses con amplios titulares del éxito de sus conciertos. La Montagne publica una foto en la que aparecen Cándida, Flor y René. Anuncia: *La Casa de la Trova a Vichy. Apoyado del sumario: La tradicional canción cubana hará una de sus primeras apariciones en Europa, en la Vichy Opera, el 21 de enero.*

[11.] Édith Giovanna Gassion, 1915-1963.

El miércoles, 25 de enero de 2001, en diario *La Montagne* publica:

Casa de la Trova a L' Opera

Un poco de calor en el corazón del invierno.
El concierto íntimo y la calidez de los músicos de la Casa de la Trova permitieron a los espectadores de La Opera, el domingo, disfrutar de dos horas de vacaciones bajo el sol cubano. Las notas y los ritmos llenan los oídos.

En tanto *DNA* titulaba el 5 de febrero: Magia y ritmos cubanos aun Maillon

Una feliz sorpresa para Maillón el sábado fueron las hermanas Fáez, sobriamente acompañadas por Electro Ferrer Sánchez a la guitarra. De hecho, se ofreció una antología de la gran canción cubana, con decenas de músicos e inquilinos.

Otros de los titulares aparecidos en la prensa francesa, en esta ocasión en *La Telegramme destacaba*: *Casa de la Trova. Destino Cuba.*

LAS FÁEZ EN FRANCIA BAJO ESTADO DE ALERTA

Corre el mes de septiembre de 2001. El dúo Hermanas Fáez y el elenco de músicos y vocalistas que integran la delegación, están listos para su primera actuación en Estados Unidos. Se encuentra en Cuba para luego viajar al país norteño y ofrecer varios conciertos.

El día 11, los medios de difusión difunden que *una veintena de extremistas secuestraron cuatro aviones comerciales en la costa este y los chocaron con las Torres gemelas en Nueva York.*

Alrededor de 3000 personas mueren en la acción terrorista. Los organizadores de las giras de las Fáez deciden cancelar los conciertos en Estados Unidos. Esa misma semana regresan a París en medio de la incertidumbre causada por la pesadilla del 11 de septiembre.

En el aeropuerto y calles de París decenas de policías y militares armados y en estado de alerta. A los pasajeros pasan por detectores de metales, se les indica que se quiten los zapatos y el equipaje revisado próvidamente.

La capital francesa estaba en estado de alerta. El mayor reforzamiento en sitios simbólicos: la catedral de Notre Dame, Basílica de Montmatre Torre Eiffel y Arco del Triunfo de los Campos Elíseos, entre otros.

René se ve en la necesidad de salir del hotel para reparar la corona de su reloj que está afectada. Le había pedido a un amigo francés que lo llevara a una relojería para reparar su Rolex.

—Es mejor llevarlo a la Agencia Rolex—le sugiere el amigo.

Cada cierto tramo los militares detienen el vehículo. Ordenan a sus ocupantes que se bajaran y enseñaran los documentos de identidad.

René lleva en sus manos el pasaporte cubano y al mostrarlo los militares le abren paso. Acostumbrado a la tranquilidad de Cuba, René está abrumado con tanto movimiento.

Militares y policías portan armas largas, chaleco antibalas, cascos y sofisticados uniformes.

Francia vuelve a la normalidad. Las Hermanas Fáez le cantan al amor, a la paz, a la hermandad con esa extraordinaria conjunción de voces y particular dramaturgia en la escena.

En febrero, el Directorio de discos compactos francés califica a las dos hermanas como feroces guardianes de la Trova cubana.

En una de las plazas de la ciudad, donde posteriormente son rodeados por admiradores franceses

¡EL DESTELLO DE LAS FOSFORERAS!

La música trovadoresca posee una riqueza incalculable, dice René Fáez Martínez, guitarrista y exintegrante de la Orquesta Sinfónica de Camagüey. Fueron muchos momentos impresionantes de las excursiones por países europeos.

Las giras por España y Francia así lo demostraron. Las Hermanas Fáez vivieron momentos deslumbrantes en cada salida al escenario, al escuchar los aplausos de cientos de personas que las aclamaban a ellas y a su país: ¡Cuba! ¡Cuba! Están como hipnotizadas.

René Fáez observar el hermoso paisaje marítimo en Montpellier, Francia

«El baúl de los recuerdos se abre en cada presentación», medita Pancho Amat.

Cada cinco minutos cantan nuevos temas.

—¿Te acuerdas Flor? —le rememora Cándida.

Pancho sorprendido se pregunta en voz alta:

—¿De dónde sacaran tantas canciones?

Las Hermanas Fáez entran al escenario. Cientos de personas la aclaman. Cuando comienzan a cantar el público las ovaciona. Los espectadores eufóricos encienden las fosforeras en gesto de aprobación. El luminotécnico espera unos segundos para apagar las luces del teatro. Todo queda iluminado con el destello de las fosforeras y los celulares. René está hipnotizado Se le hace un nudo en la garganta». Los ojos les brillan de la emoción.

—Aquí hay unas 20 mil personas. Es apoteósico —dice para sí René, mientras las cuerdas de su guitarra acompañan aquellas voces roncas y levemente nasales de las dos abuelas.

Valle de Tena, Aragón, refleja en dos de sus páginas la reseña Las Abuelas de la Trova: El punto F cubano, para resaltar:[12]

[...]
Septuagenarias y tan pimpantes, Floriceda y Cándida Fáez, apenas habían cantado más allá de los límites de su Camagüey natal, en el Oriente cubano. Hasta que el cantante y productor francés Cyrius Martínez llegó a allá buscando talentos ocultos y las rescató del anonimato para incluirlas en el álbum Casa de la Trova, una compilación de veteranos artistas, más amateurs que profesionales y desconocido para el gran público,

---

12. En edición del 12 de julio al 3 de agosto 2002, Pirineos Sur, revista *Bal de Tena*.

que mantenían encendida la llama trovera desde sus pequeños reductos domésticos. Las Hermanas Fáez pertenecen a esa categoría admirable de quienes hacen música por el simple placer de hacerla, porque es parte sustancial de su vida, porque lo han hecho siempre sin necesidad de estímulos externos ni contactos con la industria discográfica. Seguramente ahora alucinan al ver que sus canciones que llevan décadas cantado para familiares y amigos interesan en países remotos. Creo que eso se llama pureza. Dice ella *que la Trova debe cantarse sin forma, con pureza y brutalidad. No es una cuestión proeza técnica, sino de corazón y de tripas. Las generaciones jóvenes tienen tendencia a interpretar estas canciones de forma demasiado suave. Es una música que empuja tus emociones desde lo más profundo de ti mismo.*

JINETES EN GIGANTESCOS CABALLOS ÁRABES

Flor, Cándida, René y demás músicos arriban a Marruecos, en África del Norte, país, de 33 millones de habitantes, acariciado por las aguas del océano Atlántico y el mar Mediterráneo.

Es una nación detenida en el tiempo, con una marcada influencia de las culturales bereberes, árabes y europeas.

Alrededor de las cinco de la mañana tanto Flor como Cándida se despiertan al escuchar a un hombre que recorre las calles emitiendo sonidos estruendosos.

—¡René, René!, parece que allá fuera hay un loco suelto. Escucha como va gritando —alerta una de las dos mujeres.

Se asoman por la ventana de la habitación y observan al hombre emitiendo sonidos fuertes.

René lo comenta lo que está sucediendo al productor discográfico y a la periodista que los acompañan.

—No se preocupen, ese es el muecín encargado recordar a los fieles que es el momento de la oración, para limpiar al alma —aclara el productor discográfico.

Es Al Fayar, el rezo que se realiza antes de que amanezca.

René contempla desde el balcón, próximo a la ribera, el hermoso paisaje marino de Marrakech, una de las ciudades más importantes de Marruecos. En la plaza disimiles puestos donde se ofertan alimentos, plazas devenidas gran restaurante al aire libre.

La Puerta del Desierto espera a las dos ancianas. Es una zona de transición a la vista del Sahara donde reside la vetusta tribu de los Bereberes.

Marsella está frente a Marrueco y habían abordado el avión y volaron hacia Marsella.

Durante el periplo, de unos 200 kilómetros, de Marrakech hasta Ouarzazate Flor, Cándida, René y los demás músicos cubanos contemplan los campos de labranza. Penetran en la cordillera del Atlas, para vislumbrar una hermosa panorámica de valles y pequeñas poblaciones. Llegan a la Puerta del Desierto. Imaginan «Tombuctú, 52 días», la caravana de camellos que tardaba ese tiempo en llegar a las orillas del Níger.

Casi sin sacudirse el polvo del camino, parafraseando al Héroe Nacional de Cuba, José Martí, se inicia el concierto y comienzan a llegar jinetes, vestidos de negro de pies a cabeza, montados en gigantescos caballos árabes. En sus cinturones, enormes espadas.

Aquel panorama es impresionante. El improvisado escenario en aquella plaza, en la misma Puerta del Desierto, se encuentra repleto. Los espectadores están sentados en cojines con las piernas cruzadas.

Las voces de las dos mujeres mantienen conmovidos a los espectadores, a quienes se les van uniendo más jinetes. Ellas, muy impresionadas, al vivir uno de los momentos más emocionantes de sus giras por el extranjero.

Las canciones hacen vibrar la plaza. Flor y Cándida interpretan «Santa Cecilia»: «*Por tu simbólico nombre de Cecilia/ tan supremo que es el genio musical. / Por tu simpático rostro de africana/ canelado se admiran los matices de un vergel*».

Los espectadores aplauden con pasión. Las Hermanas Fáez siguen cantando la hermosa melodía: «*Y por tu talla de arabesca diosa indiana, / que es modelo de escultura del imperio terrenal, / ha surgido del alma y de la lira/ del bardo que te canta / como homenaje fiel / este cantar cadente, / este arpegio armonioso/ a la linda Cecilia bella y feliz mujer…»*

En la plaza Las Dos Ángeles reciben más y más aplausos en cada melodía. René se sorprende a ver aquellos hombres:

—Flor, Cándida, mira, esa gente. Son imponentes.

De pronto, los jinetes despliegan una gran pancarta y comenzaron a vitorear:

«Viva Cuba».

«Esa gente que viven en medio del desierto, conocen a Cuba. Hemos llegado lejos», reflexiona René.

Antes de emprender viaje a la Puerta del Desierto. Marrueco

LAS GIRAS DE LAS FÁEZ

El dúo Hermanas Fáez recorrió en sus catorce giras al extranjero, desde 1999 y hasta 2008, unas cincuenta ciudades europeas, asiáticas y africanas. Abarrotaron de costa a costa salas de importantes ciudades de Francia, Holanda, Bélgica, España, Suiza, y Gran Bretaña.

Durante su carrera contaron con un repertorio de más de doscientas canciones tanto cubanas como de autores extranjeros.

René Fáez admite que luego de sus giras por Europa fue que comprendió el alcance musical de la trova, porque solo el entorno familiar había sido su verdadero público, al igual que las serenatas y descargas con amigos entre tragos y tragos.

Los festejos familiares a veces duran dos o tres días, en los que no faltan las comidas y bebidas criollas.

René Fáez Martínez con sus dos tías en Montpellier, Francia

Tenía un concepto errado de la música tradicional. En mi casa era habitual. Siempre se cantó trova. Yo la veía como una música vieja para dar serenatas, tomar ron, reunirse tres o cuatro amigos y formar la descargar, pero de ahí para allá no pasaba. También era muy joven. Cuando llegué a Europa cambié de opinión. Canciones como «Lágrimas negras» y otras, tienen un valor cultural y comercial increíble. A un espectáculo de nosotros solo acudían a un estadio 30 mil personas.

Con el mismo rigor que toqué en la sinfónica, yo estudio la música cubana a profundidad porque es lo que me identifica, admite.

A fines del siglo XIX, cantaban (letras muchas perdidas por falta de transcripción), y ejecutaban la tumbadora, instrumento musical autóctono que determina las bases rítmicas y melódicas del posterior acompañamiento de la trova tradicional cubana y del son oriental.

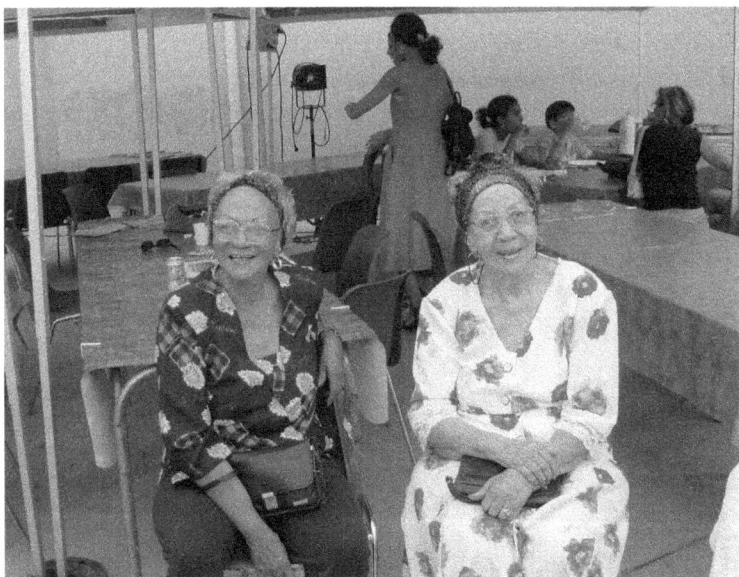

Gran admiración por las dos hermanas tras el suceso musical

El apellido Fáez está indisolublemente ligado a la raíz original de la música tradicional cubana.

El dúo Hermanas Fáez fue considerado en la década del 2000 por la crítica especializada, como uno de los mejores de la música cubana y calidad similar a Los Compadres, María Teresa Vera y Lorenzo Hierrezuelo, Clara y Mario, Las Hermanas Martí y Pablo y Silvio. Lino Betancourt Molina,[13] en la reseña Hermanas Fáez expone:

En la casona del músico que no es otro que René Fáez, experimentado guitarrista y erudito en cuestiones de la trova, escucharon a sus tías: Floricelda y Candida, ambas con cerca de 80 años cumplidos. El francés queda prendado de aquellas voces añejas y de melodía ensoñadora. Mayor fue su asombro cuando se enteró de que las trovadoras jamás habían grabado un disco, y que solo habían cantado en la Casa de la Trova Patricio Ballagas, de Camagüey.

De inmediato, guiado por su buen olfato, comprendió que estaba ante dos envidiables prospectos de la música cubana, y que había que darles la oportunidad de ser conocidas en Cuba y en el mundo. Por lo que pronto fueron incluidas en un disco donde compartieron voces con el trio Miraflores, de Sancti Spíritus; Zaida Reyte y Alfredo Martínez, dos trovadores santiagueros casi desconocidos que solo habían cantado en la Casa de la Trova Pepe Sánchez; las hermanas Esperanza y Mercedes Fortín: el coro Orfeón Santiago: el cantante villaclareño Martin Chávez Espinosa, Cascarita: Lucia Lago, sobreviviente de las Hermanas Lago: y Lussón Bueno, que hizo la voz segunda a Lucia.

Con estas credenciales, las hermanas Fáez hicieron sus maletas y se fueron a Europa. En París, Londres, Madrid… «acabaron», como se dice en buen criollo. Actuaron a teatro lleno en las principales salas, y varas veces las hicieron repetir sus canciones cargadas de nostalgia.

Repitieron con un segundo disco: La trova de las Fáez, donde compartieron con Pancho Amat, Omar Sosa —llegó de Venezuela a acamparlas en el piano— el bolerista Fernando Álvarez, y el pianista Frank Emilio

---

[13.] Betancourt Molina, Lino. Hermanas Fáez. *La trova y el bolero. Apuntes para una historia.* Editora Musical. Producciones Colibrí, 2011. Pág. 356-357.

Flynn. Siempre estuvo presente René Fáez con su inseparable guitarra y sus consejos oportunos. Para este disco, contaron con mi asesoría.

Volvieron a salir de Cuba. Recibieron aplausos y homenaje en importantes ciudades europeas. A su regreso a Cuba, regresaron a Camagüey a hacer la vida de siempre.

En un Festival de la Trova Pepe Sánchez, en Santiago de Cuba, las llamé para que ilustraran una de mis conferencias. Estuvieron sentadas entre el público hasta que fueron llamadas a cantar y se formó el alboroto cuando aquellas dos abuelas entonaron, increíblemente, canciones perdidas en el tiempo, pero llenas de ensoñación y de recuerdos.

Lo digo con pena: en Cuba nadie conoces a esas trovadoras inmensas.

Floricelda nació en Mayarí en 1928, y Cándida en Camagüey en 1930. Su tránsito por la gloria fue fugas. Pero quedan sus fabulosas voces grabadas en discos.

Lino Betancourt en una entrevista para el documental *Nostalgia de trovadoras* sobre las hermanas opina:

> Casi todos los dúos femeninos de trova están constituidos por hermanas, porque este vínculo de hermandad entre las mujeres porque se crean juntas con el amor a la música cubana y un buen día empiezan a cantar y descubren que son cantantes. Así ha pasado siempre con los dúos femeninos y así pasó también con las hermanas Fáez, según me contaron ellas.
>
> Tienen una tesitura distinta todos los demás dúos de la trova femenina…. Logran un empaste tan bueno que se oye formidablemente. Le dan un carácter devino con la trova cubana.[14]

[14.] Alberto Santos (dirección y edición). *Nostalgia de trovadoras* (documental), 2013.

Flor tenía el don de escuchar una música una vez y no la olvidaba y la melodía le salía de lo más profundo del alma. Ambas, con su hermano, montaron 200 números que se lo sabían nada más de ponerle acorde en la guitarra. Claro fueron años.

René Fáez me facilita en álbum con fotocopias de revistas y periódicos en los que se publican reportajes, crónicas, reseñas... sobre la gloria fugaz de sus dos tías.

Entre los textos destaca: Santiago de Cuba, el paraíso trovero, en el que sintetiza en su sumario Viejas y nuevas figuras de la mítica Casa de la Trova presentan en España, el disco Todos estrellas. Esta bajo la firma de Diego A. Manrique.

Santiago de Cuba ha celebrado estos días el 37º Festival de la Trova Pepe Sánchez, el evento que recuerda al trovador del siglo pasado que compuso el que se considera el primer bolero de la historia. El acontecimiento que revela el interés internacional por el son, la trova y otras especialidades que mantienen su pureza en el Oriente cubano: hoy abundan las grabaciones foráneas y locales dedicadas a músicos y cantantes que hasta el éxito de Buena Vista Social Club vivían eclipsados por el fulgor de los sonidos habaneros. El legendario Festival de la Trova también sufre las consecuencias del periodo especial: desamparado por el Ministerio de Cultura cubano, debe funcionar de forma autosuficiente, y las carencias rebasan lo imaginable. Los brevísimos programas no informan sobre la desbordante oferta musical en los diez recintos, y se cuentan historias ingratas sobre artistas de fuera de la ciudad obligados a pagarse todos los gastos o a alojarse en Villa Trópico, residencia rebautizada como Villa Mosquito.

Pero las estrecheces no disminuyen ni el entusiasmo ni la sabiduría de unos intérpretes que ven finalmente reconocida, dentro y fuera de la isla, su sabrosa devoción a formas ancestrales.

La edición de este año ha estado dedicada al 60º aniversario del Cuarteto Patria, homenaje personalizado en su actual director, el poderoso Eliades Ochoa, y en el hombre que le dio la alternativa, Pancho Cobas, conocido en Europa como miembro fundador de la Vieja Trova Santiaguera. Pero Cobas está retirado y Ochoa tenía compromisos derivados de su disco *Sublime ilusión*, así que el protagonismo principal correspondió a Faustino Oramas, alias El Guayabero, sonero picante nacido en Holguín en 1911, que fue ninguneado en las sesiones habaneras del Buena Vista y que ahora ha sido relanzado por una discográfica española. La gran sorpresa fueron dos hermanas de Camagüey, Floricelda y Cándida Fáez, de 70 y 68 años, hasta ahora no profesionales —«sería la primera vez que ganáramos algún dólar»—, pero dotadas de una extraordinaria conjunción de voces y una particular dramaturgia.

El relevo

La relevancia de personajes tan venerables no debe confundirse con un agotamiento de la cantera. La ciudad cuenta con notables cantautores veinteañeros, como William Vivanco o el dúo Postrova. También existe un nutrido movimiento rapero, oficializado desde hace pocas semanas, donde destacan grupos tipo Café Mezclado o personajes únicos como Crazy Man, cuyos parlamentos tienen el único respaldo de un compañero que hace ritmos con la boca. El relevo de los soneros carismáticos está garantizado por grupos como el Septeto Turquino, cuyo trompetista, Aníbal Ávila, solo compite con el ilustre Inaudis Paisán, de la Estudiantina Invasora.

Y se pueden detectar también otros vigorosos instrumentistas y cantantes jóvenes. Para Pancho Amat, tresero conocido en España por su trabajo con Juan Perro y uno de los pocos músicos habaneros que viajan regularmente a Oriente para aprender, «aquí están las fuentes que alimentan toda la música de la isla, igual que el Misisipí en Estados Unidos. El único problema es que la potencia del son está acallando los encantos de la trova, que es más delicada. Y a eso se añade el peligro de perversiones culturales para intentar complacer al turista: en Tropicana salen rumberas en tanga invocando a las divinidades afrocubanas».

Santiago es visitada regularmente por cineastas, periodistas, fotógrafos y cazatalentos en busca de propuestas frescas y glorias olvidadas. El impacto mundial de Compay Segundo o la Vieja Trova Santiaguera ha excitado la curiosidad de las discográficas, especialmente españolas. Virgin, a través de su sello madrileño La Raíz Sonora, publica grabaciones de la Vieja Trova y de sus miembros en solitario, el Cuarteto Patria y las Hermanas Ferrín. Manzana, la compañía canaria, ha contratado a una docena de agrupaciones y solistas, desde Voces del 2º Frente a Pepesito Reyes, el pianista que arregló la primera versión de «Guantanamera».

La ciudad también acoge a conversos tan exóticos como un percusionista sevillano, un trompetista finlandés o un trovero francés. Este, Cyrius Martínez, ha grabado La banda bajo su propio nombre y es el productor del seductor disco «Casa de la Trova», que publica Erato. Un proyecto colectivo que desembarca en Europa estos días con habituales del escenario de la mítica Casa de la Trova santiaguera como Zaida Reyte y Alejandro Almenares, o novatas como las sublimes Hermanas Fáez.

La intención de Martínez es «revalorizar la trova, género cuya vocación poética enlaza con la de los trovadores mediterráneos y que, al ser de transmisión oral, está perdiendo un repertorio riquísimo según mueren los viejitos». No todos los disqueros foráneos tienen intenciones tan honorables. Corren rumores de aprovechados que graban un CD en seis horas a cambio de 50 dólares pagados a cada músico. Resulta más reconfortante saber que la Egrem, la discográfica estatal, ya ha editado la versión santiaguera del Buena Vista Social Club, una reunión de notables bautizada *Todos Estrellas*, que se presenta mañana en Madrid y el día 24 en Barcelona.

René también atesora en su colección El título: *El fabuloso caso de las Fáez*, del periodista Pedro de la Hoz.

Un dúo de trovadoras que habita en Camagüey clasifica entre los 20 mejores discos de Músicas del mundo en Francia durante el 2000.

Si a cualquiera de los que sigue el día a día de la música cubana le hablan de las hermanas Fáez, a no ser que sea un trovadicto empedernido, tratará de rastrear en la nebulosa de la memoria el dato. Pero cuando se le informe que ellas, con su disco *La trova de las Fáez* (Detour/Warner), clasificaron entre los 20 mejores títulos que circularon en Francia dentro de lo que se ha dado en llamar músicas del mundo a lo largo del 2001, según una exigente selección de la crítica gala registrada por el diario *Le Monde*, de seguro quedará en una sola pieza. Pronto diré quiénes son las Fáez y por qué la selección es más que merecida. Pero antes se impone significar el alcance de la noticia. Músicas del mundo, más allá de la imprecisión del término y del tufillo marginal que transpira (una lectura que implica situarse en la periferia de las músicas del Primer Mundo o al menos pasar como folclor o nota exótica), abarca, en el caso de Francia, una amplísima producción seguida con mucha seriedad por sectores cada vez más vastos que toman conciencia de la necesidad de una apertura estética hacia la multiculturalidad de estos tiempos, y que de hecho privilegian los mestizajes y fusiones de aires y raíces como los más fecundos valores de cambio espirituales en nuestra época. Entre esos 20 títulos seleccionados se hallan figuras legendarias que han trascendido el ámbito de sus respectivas culturas. Por citar algunos ejemplos, el paquistaní Nusrat Fateh Ali Khan, máximo promotor de la tradición sufí; la desaparecida portuguesa Amalia Rodrígues, la reina del fado (en su país es algo así como nuestra Celina González); Kadda Cherif Hadria, quien encarna una auténtica revolución en el raí argelino al fusionarlo con el flamenco, la salsa y el reggae; el senegalés Ismael Lô, cuyas baladas han conquistado desde hace años a los europeos; y la incandescente angolana Bonga, a la que el caboverdiano José Da Silva (Lusáfrica) ha rescatado para recordar la mítica voz perseguida por la policía colonial lusitana en la etapa previa a la independencia.

Voces dulces y amables

En ese entorno triunfan las Fáez, con el encanto de la Trova tradicional cubana. Florecelda nació en Antilla, antigua provincia de Oriente, en 1928, y Cándida dos años después en Camagüey, ciudad en la que han transcurrido sus vidas. Ambas se desarrollaron en un ambiente donde el canto, la poesía y la guitarra eran tan naturales como el aire y el agua. En la Casa de la Trova camagüeyana el dúo se ha cubierto con el tiempo de una aureola mítica.

Mas ni Florecelda ni Cándida tuvieron demasiadas ambiciones. Incluso, en los últimos tiempos, pensaron, ante la decisión del sempiterno acompañante en la guitarra, su hermano René, encerrarse en la intimidad de los recuerdos. Hasta que hace unos tres años, el músico francés Cyrius Martínez, apostó por ellas y en arriesgado empeño, aunque con los antecedentes de Compay Segundo y la Vieja Trova Santiaguera, ablentan su participación en un proyecto colectivo que derivó en la grabación del disco *Casa de la Trova*. Si Compay definía el espectro sonero-trovadoresco más tradicional y la Vieja Trova encarnaba la esencia de la herencia oriental, las Fáez iluminaban la zona más íntima de los aires de serenata, esos que se expanden suavemente entre el aroma del café y el balanceo de las mecedoras.

A mediados del 2001 presentaron su nuevo disco, *La trova de las Fáez*. Frances Normande y Veronique Montaigne, dos de las más reputadas voces críticas francesas valoraron la producción como un «vivo ejemplo de candor e instinto (...) de entrega radiante de sentimientos». Este es un disco de empaque discreto, realzado por las matizadas intervenciones del eterno Frank Emilio y Omar Sosa al piano, del tresero Pancho Amat, del gran bolerista Fernando Álvarez, y de los acordeonistas Marcel Azzola y los argentinos Mosalini (padre e hijo) para un tango de lujo incluido en el registro.

A las Fáez las encontré en último Cubadisco, adonde concurrieron por cuenta del Centro Provincial de la Música de Camagüey. No dejaban de ser tímidas, y eso que les hablé de las cuatro páginas y la portada que les acababa de dedicar la revista *Les Inrockuptibles*. Parecían no darle importancia a tanto éxito. Solo les escuché decir: «Aquí estamos para cuando guste. Lo nuestro siempre será cantar lo que aprendimos en casa».[15]

Las Hermanas Fáez llegaron lejos, muy lejos donde jamás pensaron que iban a llegar. Nunca pidieron nada, ni siquiera una entrevista.

[15.] Pedro de la Hoz. *Granma*. 14 de enero de 2002.

Justicia del cielo, dice Cándida, Dios nos preparó ese camino. Porque jamás pretendieron ser cantantes profesionales, ni siquiera pretendieron probar si podían cantar en escenarios.

Aunque la vida se acabe, siempre debe quedar el recuerdo de las hermanas cantantes, olvidadas, ahora en el anonimato. Volvió el silencio en la vieja casona de la calle Rosario con la muerte de las dos fabulosas vocalistas cubanas. Sus cuatro discos que recorrieron importantes ciudades de Europa y África testimonian la magia de sus interpretaciones. Ambas se desplegaron en un ambiente de canto, poesía y guitarra. Quienes tuvieron el privilegio de escuchar sus dulces voces en vida, cuando se mencionan sus nombres, sienten la nostalgia.

A Flor y a Cándida, cuando sus corazones entristecían, volvían a recordar aquella melodía que desde su juventud cantaban. En escenarios, en sus cuatro discos se percibe la canción en sus pechos.

Entonces le pedían a René, su sobrino que pusiera la grabación para emborrachar sus corazones y olvidar un loco amor. Son la grabación en las voces de sus dos sobrinas.

Nostalgia
Tango - Esteban Morgado

Quiero emborrachar mi corazón
Para olvidar un loco amor
Que más que amor es un sufrir...
Aquí vengo para eso

A borrar antiguos besos
En los besos de otras bocas...
Si mi amor fue flor de un día
¿Porqué causa es siempre mía

Esta cruel preocupación?
Quiero por los dos mi copa alzar
Para olvidar mi obstinación
Y más la vuelvo a recordar.

Nostalgia
De escuchar su risa loca
Y sentir junto a mi boca
Como un fuego su respiración.

Angustia
De sentirme abandonado
Sentir que otro a tu lado
Pronto le hablará de amor...
¡Hermano!
Yo no puedo relajarme,
Ni pedirle, ni llorarle

Ni decirle que no puedo más vivir...
Desde mi triste soledad veré caer
Las rosas muertas de mi juventud.
Gime, bandoneón, tu tango gris

Quizá a ti te hiera igual
Algún amor sentimental...
Llora mi alma de fantoche
Sola y triste en esta noche

Noche negra y sin estrellas...
Si las copas traen consuelo
Aquí estoy con mi desvelo
Para ahogarlos de una vez...

Quiero emborrachar mi corazón
Para después poder brindar
"Por los fracasos del amor"
Nostalgia
De escuchar su risa loca
Y sentir junto a mi boca
Como un fuego su respiración.

Angustia
De sentirme abandonado

Sentir que otro a tu lado
Pronto le hablará de amor...

¡Hermano!
Yo no puedo relajarme,
Ni pedirle, ni llorarle,
Ni decirle que no puedo más vivir...
Desde mi triste soledad veré caer
Las rosas muertas de mi juventud.

Desde mi triste soledad veré caer
Las rosas muertas de mi juventud.

Cándida al escuchar aquellas canciones de la trova tradicional cubana llenas de amor y romanticismo, comenzaba a recordar para volver a vivir sus crónicas de amor. Canciones grabadas en su voz y de su adorada hermana que ya no estaba a su lado porque había partido a la eternidad con los recuerdos de su infancia, adolescencia, vejez y momentos felices prodigiosos en sus giras por Europa y África.

Floricelda y Cándida Fáez confiesan amor con una pasión imaginable. Parecen dos ángeles de la tercera edad que cambiaron sus envejecidas alas por tabaco y ron, pero a cambio se comprometieron a cantar solo canciones de amor y desamor mientras residieran en la tierra. Vivian felices de incognito hasta que fueron descubiertas, escribe Ángel Páez, el domingo 5 de agosto de 2001.

ANEXOS

PRINCIPALES GIRAS Y GRABACIONES

1999: Noviembre, diciembre:

- Anvers, Bélgica:
- Concierto en Anvers.
- Londres, Inglaterra
- Concierto en Music Hall Elizabeth it Reigns
- Amsterdam, Holanda:
- Concierto en Amsterdam.
- Gira por Alemania:
- Concierto en Freiburg.
- Concierto en Munich.
- Concierto en Karls Rughe.
- Concierto en Hannover.
- Concierto en Hamburgo.
- Concierto en Bonn.
- Concierto en Meinz.
- Concierto en Bonn.

2000: Mayo:

Cuba:
Comienza en La Habana la grabación del Compact Disc. «La Trova de las Fáez». El trabajo de masterización concluyó en Inglaterra. En el tres, Pancho Amat y René, toca la guitarra.

Octubre, noviembre:

París, Francia:
Con el grupo de Pancho Amat, gira de promoción del disco «La Trova de las Fáez». Integran esta gira de promoción Fernando Álvarez, Marcel Azzola, Omar Sosa, Frank Emilio, Vincent Courtis, Patrice Ceratim, Juan José Musalini, Germán Velazco y Pancho Amat, participantes en la grabación del Compact Disc.

2001: Enero y febrero:

Vichy, Francia:
Concierto en el Theatre Opera de Vichy.

Amsterdan, Holanda:
Anfiteatro de Gromingen, Tropenteater.

Onex, Suiza:
Sala Comunal de Onex.

París, Francia:
El diario francés *Le Monde*, da a conocer que la antología de temas escogidos y cantados por las hermanas Fáez, en el Compact Disc. «La Trova de las Fáez», es seleccionado uno de los veinte discos de música típica (trova tradicional) más importantes del siglo XX, a tenor de encuesta realizada por ese importante diario para conocer las veinte mejores antologías, reunidas en soporte electrónico, del pasado siglo.

Las hermanas Fáez pasan a formar parte importante de la vida musical francesa y de Europa en general. Reciben innumerables muestras de afecto y respeto por personalidades de la cultura mundial. Por momentos, constituyen suceso desbordante de la vida acostumbrada en regiones y lugares que visitan y realizan conciertos.

2002: Mayo y junio:

Brest. Norte de Francia:
Grabación del Compact Disc. Serenata picante.

Le Qurtz , Francia:
Concierto en Grand Theatre.

2003: Enero:

París, Francia
Doce actuaciones en Montmatre.

Julio y agosto:

Córcega, Francia. Dos conciertos

Niza, Francia.
Actuación en el Festival de Jazz.

Cap Vern, Francia.
Actuación especial con Gaetano Veloso.

Cannes, Sete, Francia.
Theatre de La Mer. Actuación especial con El canario y Barbarito Torres.

Los Alpes franceses:
Concierto en la Feria de Beziers.
Concierto en la Fiesta de Barcelonnete.

2005 Marsella, Francia
Festival de Canciones

Marrueco, África
Gira por todo el país.

Cuba:

1998: Encuentro fortuito en Camagüey con Cyrius Martínez, representante de la Warner Music de Francia, musicólogo. Después de quince años sin cantar, Floricelda y Cándida, sin preparación alguna, a solicitud del representante de la Warner, entonan temas de la trova tradicional cubana. Cyrius Martínez descubre lo que ha estado buscando en toda la isla: dos portadoras legítimas de la trova vernácula, radicalmente patria, la que nació en las profundidades del extremo oriente de la isla, Baracoa adentro, la que mantiene toda su pureza nativa, ajena a escuela foránea alguna. René Fáez, hijo del hermano que las acompañara en vida como guitarrista, es quien elabora el soporte melódico con igual dedicación instrumentista que el padre.

Cyrius Martínez sabe que ha descubierto un filón precioso. De inmediato las grabaciones de las hermanas Fáez se someten a la atención del público europeo. Las primeras canciones demostrativas prenden en el Viejo Continente.

Se inicia una larga cadena de giras internacionales. Se convierten en favoritas en el repertorio cancionístico de múltiples naciones europeas.

1972: Santiago de Cuba, Cuba:
Primer festival de la trova tradicional cubana: un filón precioso
Los organizadores del Primer Festival de la Trova Tradicional Cubana las invitan, acompañadas por René Fáez en la guitarra, para que, junto a Silvio Rodríguez, Pablo Milanés, Sara González y otros que se inician en la nueva trova, integren la representación de la trova tradicional cubana en este festival.

1972: Son invitadas al Primer Festival de la Trova Tradicional efectuado en Sancti Espíritus, acompañadas por René Fáez en la guitarra...

1972: Integran el grupo de trovadores que inicia el movimiento para la creación de La Casa de la Trova en Camagüey. Fundada esta institución participan activamente en las veladas de música tradicional programadas en la misma.

1940-1971: Floricelda y Cándida crecen rodeadas en un ambiente que cultiva la música tradicional mucho antes del nacimiento. Desde su más temprana juventud muestran dotes vocales extraordinarias. Su padre, Andrés Fáez, trecero cultor del changüí, funda la brillante orquesta Brisas del Nipe, en Antillas.

El núcleo familiar, trasladado a Camagüey, mantiene su intensa vida musical. La casa es sitio obligado de cuanto músico notable de la nación visita la ciudad, entre otros: José Antonio Méndez, César Portillo de la Luz, Cuarteto Las de Aída, el Niño Rivera, Cachao, Pacho Alonso, Fernando Álvarez, Benny Moré, Jorge Varona, Enrique Jorrín, etc. Floricelda y Cándida, en veladas de trova forman dúos y tercetos ocasionales con muchos de ellos.

1972-1987: Camagüey, Cuba: Después de la muerte del guitarrista René Fáez Neyra, Floricelda y Cándida resuelven silenciar su canto. En un periodo de quince años no participan en evento musical.

ACERCA DEL AUTOR

Lázaro David Najarro Pujol (Santa Cruz del Sur, 1954). Periodista y escritor camagüeyano.

Autor de más de catorce libros, de los cuales cinco han sido traducidos a ocho idiomas, entre los que destacan: *La piel rojiza del Camagüey* (2021) Cuba: *Una excursión por el tiempo Tomo I y II* (2020), *Las Romerías de Mayo* (2021), *Nuevitas: donde nació Puerto del Príncipe* (2020), *La Covid: Un enemigo invisible* (2020).

También es autor de los textos Emboscada, Tiro de Gracia, Reina de las Antillas, Sueños y turbonadas, Periodismo y realización radiofónicos y Muchachos de los Canarreos. Ha obtenido disímiles lauros en concursos periodísticos, literarios y festivales nacionales de la radio.

93

Otros títulos

POLO MONTAÑEZ

Este es un libro necesario para todo aquel que quiera conocer a Polo Montañez como ser humano y esa persona que pasó por la vida llenando de gloria a su pedazo de tierra que siempre amó y defendió. José Nelson Castillo González ha sabido plasmar las costumbres, la manera de ser de un cubano, guajiro por suerte para nosotros, los que tuvimos la dicha de conocerlo, haciendo que sea desde la primera página hasta la última, una lectura amena, que obliga al lector a llegar al final. Narra las experiencias vividas por él y las que cuentan sus familiares y allegados. Se nos presenta a un Polo que tuvo un don de la naturaleza que no le llega a todo el mundo, el don de la composición e interpretación. Fueron, desafortunadamente, cuarenta y siete años de vida, pero con una producción artística y una fama tan grande como la de algunos dotados de un don similar, que tuvieron la suerte de vivir más.

Rey Montesinos

A los 44 años tenía más de 70 canciones escritas como autodidacta. No tenía formación profesional ni conocimiento musical, aparte de escuchar los sonidos del campo. Componía en una mezcla de géneros, haciendo uso de ritmos que escuchó y conoció. Desarrolló su propio estilo con temas sobre eventos cotidianos en forma coloquial, impregnados de elementos rurales: desde la yunta de bueyes, el olor a carbón, la vida de los bateyes, en un lenguaje romántico siempre cercano a la poesía, pues el guajiro cubano tiene la cuarteta y la décima espinela como un adorno más en su casa. Cuando la vida le sonreía y andaba con la fama bajo el brazo, llegó la tragedia. Su pueblo lo lloró y él correspondió dejándonos sus canciones y montones de anécdotas propias de su simpatía dondequiera que estuvo y se fue como los cometas: después de llenarnos de luz.

Tony Pinelli

POLO MONTAÑEZ
EL GUAJIRO NATURAL

POLO MONTAÑEZ. EL GUAJIRO NATURAL

JOSÉ NELSON CASTILLO GONZÁLEZ

Andrés Echevarría Callava, Niño Rivera

El Niño Rivera, uno de los treseros más importantes de la historia de la música cubana, fue un innovador, vanguardista, uno de los compositores y arreglista más importante de su tiempo. Su obra «El Jamaiquino» se convirtió en un *standart* de la música cubana.

CHUCHO VALDÉS

Ésta es la historia de uno de esos pioneros que hoy se describen como progenitores de la música cubana, y de su extraordinaria y productiva vida. El libro recoge momentos importantes de la vida del Niño, en su trabajo y su colaboración con numerosos conjuntos y solistas como tresero, arreglista, transcriptor y director. La autora presenta con sustentados detalles la contribución del músico al género mundial más conocido de la música cubana —el son—, con un análisis enfático de otro género surgido en Cuba: el *feeling*.

NELSON GONZÁLEZ

La creación de este documento histórico, que contribuirá a poner el nombre de Andrés Echevarría Callava, el Niño Rivera, en el lugar que merece dentro de la lista de los imprescindibles de nuestro mundo musical.

PANCHO AMAT

EL Niño con su tres

Rosa Marquetti Torres

Andrés Echevarría Callava, Niño Rivera
El Niño con su tres
Rosa Marquetti Torres

Cover 1 (top)

Si te contara: cuatro reportajes con músicos cubanos, es el fruto de una investigación intensa que Jairo Grijalba Ruiz realizó en los Estados Unidos y en las Antillas en un período de veintiocho años, que incluyó una serie de entrevistas con tres músicos cubanos: Panchito Riset, Orlando Collazo y Osvaldo Rodríguez. También se incorpora al texto, la conversación que el autor sostuvo con Marlena María Elías, fanática de Marcelino Guerra, quien recordó algunas de sus experiencias al lado de este dedicado cantante, compositor y guitarrista fallecido en 1996.

El autor logró reconstruir, gracias a sus entrevistas, episodios desconocidos de la historia de la música cubana desde las voces de sus protagonistas: sus memorias se remontaban a las barriadas bulliciosas de La Habana, a los solares periféricos del barrio de Luyanó, o los campos agrestes de Los Arabos, a las fábricas de cerveza donde organizaban conciertos formidables y a las tascas solariegas frente al malecón, donde jóvenes y ancianos con sus guitarras ensayaban canciones hasta que el sol despuntaba en el horizonte. Al fragor de las conversaciones también llegaron los vientos ciclópeos de la revolución política que sacudió a esta isla del Caribe a finales de los años cincuenta, y que dejó a más de un millón y medio de cubanos dispersos en el mundo. Esta investigación, además de penetrar en el espíritu musical de la isla, logra sumergirnos en la vida cotidiana de los cubanos, tanto en su tierra natal como en otras geografías trazadas por las rutas del exilio.

En este libro se explora la vida de Panchito Riset, Marcelino Guerra, gran guitarrista e inspirado autor de «Me voy pa'l pueblo» y coautor de «Convergencia». El tercer músico, es Orlando Collazo, el cantante de La Charanga de Nene González. El cuarto músico, es el maestro Osvaldo Rodríguez, cantautor y guitarrista cubano, considerado uno de los grandes renovadores del bolero y de la canción de amor. Fundador del Cuarteto Voces del Trópico que después se convirtió en el legendario grupo rockero Los 5U4.

SI TE CONTARA, CUATRO REPORTAJES CON MÚSICOS CUBANOS

Jairo Grijalba Ruiz

SI TE CONTARA

CUATRO REPORTAJES CON MÚSICOS CUBANOS

PANCHITO RISET
MARCELINO GUERRA
ORLANDO COLLAZO
OSVALDO RODRÍGUEZ

Jairo Grijalba Ruiz

UNOSOTROS
MÚSICA

Cover 2 (bottom)

Ella tenía un sueño: Visitar una iglesia en los Estados Unidos y oír esos coros de afronorteamericanos con aquellas voces angelicalmente terrenales. De pronto llegó a sus manos este libro: Estrellas de la música afronorteamericana, una «catedral a la música góspel», le ofrecía la vida y obra de aquellos que había crecido escuchando: Ella Fitzgerald, Muddy Waters, Sam Cooke, Otis Redding, Dionne Warwick, Stevie Wonder, Ray Charles, Diana Ross, Chuck Berry, Michael Jackson, Aretha Franklin, Gladys Knight, Barry White, James Brown, The Jackson 5 y Kool & The Gang, entre otros.

Ella leyó este libro y se sintió «bendecida» ...

DULCE SOTOLONGO

En este nuevo libro, Joao Fariñas se ocupa del tránsito en su esquina más candente, la explosión de la música popular afronorteamericana que sienta pautas en la estructura musical, la lírica, el fraseo y el ritmo para establecer el que puede considerarse como el ángulo más audaz de todos estos cambios, la renovación del blues, el nacimiento del rhythm and blues, la aparición del soul y el estallido del componente negro en el rock and roll.

FRANCISCO LÓPEZ SACHA

ESTRELLAS DE LA MÚSICA AFRONORTEAMERICANA

Joao Fariñas

UNOSOTROS

Joao Fariñas

ESTRELLAS DE LA MÚSICA AFRONORTEAMERICANA
1950-1980

YO SOY EL CHACHACHÁ, ORQUESTA AMÉRICA DE NINÓN MONDÉJAR

La orquesta América y el ritmo chachachá constituyó un fenómeno musical sobresaliente del siglo pasado de Cuba, así de exitoso hoy el mundo sigue disfrutando del sin igual baile, pero si es grande su historia, ha sido de igual disputada la paternidad de su creación. Muchos la atribuyen a Enrique Jorrín Aleaga y otros a Ninón Mondéjar. Esta controversia persiste hoy en día en la historia de la música popular cubana, pero en su momento también derivó en la irreparable y definitiva ruptura entre Ninón Mondéjar y Enrique Jorrín: La guerra del chachachá.

Ricardo Oropesa en este libro realiza una valoración integral del surgimiento y desarrollo del chachachá a partir de conformar la historia de la Orquesta América reseñada con testimonios de músicos, notas de prensa, registros de canciones, otros documentos y fotografías inéditas del archivo personal de Ninón.

El cometido de esta investigación —por más de veinte años—, no pretende ser una biografía de la Orquesta América ni de su líder, sino un intento por explorar la trayectoria de esta agrupación desde su fundación en 1942 hasta 1974 en que Mondéjar se retira de la vida artística. No se puede hablar del chachachá sin hablar del creador del género: Ninón Mondéjar.

El lector tiene por primera vez un sin números de argumentos para llegar a una conclusión de esa vieja polémica: ¿Quién fue el creador del chachachá?

YO SOY EL CHACHACHÁ · ORQUESTA AMÉRICA · RICARDO R. OROPESA

Ricardo R. Oropesa

YO SOY EL CHACHACHÁ
ORQUESTA AMÉRICA DE
NINÓN MONDÉJAR

ORQUESTA ARAGÓN

Es curioso que en el ámbito de la música universal se publique menos biografías de orquestas, que de cantantes, tanto del género popular, como del clásico.

Cuando recibí la reciente biografía sobre la orquesta Aragón, del destacado investigador y escritor cubano Gaspar Marrero, sentí gran sorpresa, pues ya esta agrupación había sido objeto de un trabajo investigativo del propio Marrero...

La diferencia entre este y los anteriores trabajos sobre el grupo, radica en el riguroso detalle con que el autor analiza el aporte individual de todos sus integrantes, desde un recuento pormenorizado de la hoja musical de cada uno de los fundadores y su historial; las características de los músicos en el uso del instrumento de que se trate, hasta el mínimo dato referente a cantantes y directores. Con igual enumeración se describen sus viajes; sus grabaciones, que son muchas los cambios de personal, que lógicamente en un período tan extenso son frecuentes. Existe la posibilidad, de que Estados Unidos sea el país que reúna mayor número de grupos musicales con grabaciones realizadas, pero muy pocos de ellos han sido biografiados, y ninguno con la puntualidad de Marrero. No creo que exista, en lengua española, otra publicación tan voluminosa ni con tan importante contenido, dedicada a la biografía de un grupo musical determinado.

Por supuesto, es un libro indispensable para cualquier lector que quiera saber a fondo sobre la música cubana.

Cristóbal Díaz Ayala

LA REINA DE LAS CHARANGAS · ORQUESTA ARAGÓN · GASPAR MARRERO

LA REINA DE LAS CHARANGAS
ORQUESTA ARAGÓN

NUEVA EDICIÓN AMPLIADA

GASPAR MARRERO

Elena Burke — La señora sentimiento (book cover)

Zenovio Hernández Pavón

ELENA BURKE
LA SEÑORA SENTIMIENTO

«(...) Elena Burke llevaba la canción más allá del mero límite de tónica-dominante-tónica en que se había mantenido durante decenios, introduciendo acordes inusitados en la música popular cubana... ».

Guillermo Cabrera Infante

«Elena Burke descubre con su voz lo que hay en su interior. Por eso por donde pasa deja huella y deja huella porque sus interpretaciones consiguen imponer en el escucha el texto, la melodía y el ritmo de las canciones».

Gabriel García Márquez

«Ella, cuando aún yo no tenía una personalidad definida como intérprete —ni siquiera como compositor— cantaba mis canciones; ella se me adelantó, creyó en mí desde el principio, popularizó "Para vivir", "Mis veintidós años", "Va ves", lo cual le agradeceré infinitamente».

Pablo Milanés

«Elena Burke para mí, la mejor cantante de boleros que hemos tenido en Cuba. Primero su voz, una voz que llena mucho, tiene una voz de potencia, es una gente muy sensible como músico intérprete extraordinaria,... pero Elena nunca, pero nunca tendrá sustituta, es insustituible... »

Omara Portuondo

«Yo pienso que Elena Burke es una de las cantantes más grandes que ha dado el mundo... ».

Meme Solís

«La veo como varias Elenas en una, Elena el icono, Elena mi abuela, Elena la inspiración y eterna pasajera».

Lena Burke

Rolando Laserie (book cover)

¡DE PELÍCULA!

ROLANDO LASERIE

Un día, el novelista cubano Guillermo Cabrera Infante le pidió a Rolando Laserie, compañero suyo en el exilio y su amigo personal, que le escribiera unas memorias sobre su vida. Realmente no sabemos qué pretendía, si hacer una novela, una biografía o un cuento, pero el mero hecho de que se haya interesado en el músico Laserie, demuestra la admiración y respeto que siente hacia su coterráneo. Entonces el «viejo Laserie» lleno de nostalgia, música y recuerdos, disciplinadamente pone en papel su historia y gracias a ello, hoy contamos en este libro con confesiones suyas sobre músicos como El Benny Moré, Ernesto Duarte, Agustín Lara, Lola Flores, Álvarez Guedes, Olga y Tony, y Celia Cruz, entre otros.

Distingue este apasionante libro un testimonio fotográfico de un valor incalculable que fue celosamente guardado, primero por la esposa de Rolando, Tita y después por la sobrina-hija, Giselita, que lo puso en manos de este autor como un regalo para la cultura cubana y latinoamericana.

Lázaro Caballero, ha sabido mezclar la voz de Laserie a su propia voz como narrador, con respeto, sin altanería o exhibicionismo de intelectual de pose, es un cubano amante de la música, el que cuenta una historia donde se pone en primer lugar el amor a la patria, a la pareja, a la amistad, un amor que derriba la discriminación racial y la distancia. Es un homenaje, en la figura de Rolando, a esos artistas que un día abandonaron la isla y expandieron su cubanía más allá del suelo que los vio nacer. En cuanto a Cabrera Infante, mencionó en su obra en más de una ocasión a Rolando Laserie, así recuerda cuando lo conoció en 1958: «Cantando, él era muy grande, en segundo lugar, después de Benny Moré»

LÁZARO CABALLERO ARANZOLA

UNOS & OTROS
EDICIONES

CHANO POZO. LA VIDA

ROSA MARQUETTI TORRES

ROSA MARQUETTI TORRES

CHANO POZO

LA VIDA (1915 - 1948)

UNOS & OTROS
EDICIONES

ROBERT TÉLLEZ MORENO

RAY BARRETTO, FUERZA GIGANTE

RAY BARRETTO
FUERZA GIGANTE

ROBERT TÉLLEZ MORENO

Este libro es, sobre todo, un homenaje a todos los rumberos cubanos que en distintas épocas han contribuido a engrandecer el género. Hay que sentir verdadera pasión por la rumba para escribir algo así, a ritmo de tambor bailan los recuerdos a través de testimonios de primera mano recogidos durante más de cincuenta años a personajes de la talla de Mañungo, el Rafael Ortiz del 1,2,3..., la conga más famosa del mundo, a Tío Tom porque a esta fiesta de caramelos sí pueden ir los bombones o a Petrona, orgullosa de haber nacido en la Timba, la hermana de Chano Pozo, bebe de la fuente original y nos brinda un valioso documental para saciar nuestra insaciable sed por la música cubana. Como es mujer, la autora, no olvidó a la mujer rumbera, tan preterida, tan maltratada basta por el propio ritmo y los propios rumberos, aquí estamos con Nieves Fresdena, Merceditas Valdés, Celeste Mendoza, Teresa Polledo, Natividad Calderón, Manuela Alonso, Zenaida Alimenteros, Estela, con Yuliet Abreu, La Papina, representantes de la nueva generación. Y si de juventud y relevo se trata hay que resaltar en esta edición la inclusión de las generaciones actuales de rumberos, los encargados de seguir el legado y mantenerlo vivo, fresco en los bailadores en estos tiempos de regueton. Aquí también están Iyerosun, Timbalaye, Osaín del Monte y Rumbatá.

Y ya el Benny no podrá lamentarse en su centenario de la muerte física: *Qué sentimiento me da, cada vez que yo me acuerdo de los rumberos famosos... volveremos a ir a la rumba con Malanga...* con Chano y con María del Carmen Mesta, porque la rumba tiene nombre de mujer.

PASIÓN DE RUMBERO

María del Carmen Mestas

PASIÓN DE RUMBERO

Entrevistas, anécdotas, crónicas, testimonios, reseñas y fichas con datos de rumberos

María del Carmen Mestas

UNOSOTROS

Entre guajeos y sopones las mujeres se atrevieron a contar su existencia a ritmo de rumba, de celebraciones en esos barrios con olor a río y sabor a puerto. Ellas fueron verdaderas guerreras que rodeadas por sus descendientes inculcaron amor por la tradición. Con la fuerza de una sacudida de hombros evitando el «vacunao», así hemos querido alejar el polvo y el olvido de autoras que hicieron, de la rumba matancera, una historia increíble.

Que canten las mujeres es el canto que da inspiración al presente libro, era ese el llamado urgente que realizara Estanislá Luna en su canto, un llamado a la participación de la figura femenina, en el pleno derecho de expresarse y ser escuchada. *Rumberas matanceras: Un canto a la memoria* es un homenaje a todas aquellas que se atrevieron a contar su historia a golpe de rumba, que hilvanaron sus tristezas y alegrías, que unieron sus voces y vidas en las celebraciones al calor de sus humildes hogares, a aquellas que inculcaron el amor por la tradición. Es un homenaje a las que cantan hoy y a quienes lo harán mañana, a las que se aferran a la vida con la convicción de proyectar una realidad más justa, a las que se atreven a desafiar con toques de batá la mirada juiciosa de quien se empeña en limitar la capacidad creativa y creadora, ese binomio ideal que distingue el quehacer constante de las rumberas matanceras.

Sin dudas, mucho se ha contado sobre la rumba, sin embargo, la presencia de la mujer rumbera aún está por escribir. Por vez primera, el devenir de estas mujeres se aborda a través de una perspectiva musicológica, sociocultural y de género. Con este libro la autora intenta abrir una nueva página dentro del relato histórico de la rumba cubana.

UNOSOTROS

Roxana M. Coz Téstar

Rumberas matanceras. Un canto a la memoria

Roxana M. Coz Téstar

RUMBERAS MATANCERAS
UN CANTO A LA MEMORIA

RAMÓN FAJARDO ESTRADA

RITA MONTANER

TESTIMONIO DE UNA ÉPOCA

Spine: RITA MONTANER — Ramón Fajardo Estrada

Rita Montaner: testimonio de una época, lo considero un libro «hechicero», porque al empezarlo a leer no nos podemos detener; tenemos que seguir y seguir, debido a cuatro valores que, en mi opinión posee esta obra.

El primero es la fidelidad histórica. (...) En segundo lugar, la acertada captación del entorno que rodea a la Montaner (...) la justa apreciación de la personalidad de la Montaner, a quien muchos del pueblo nada más conocían como la bella mulata que marcó pautas en la interpretación de melodías afrocubanas y llevaba a los máximos planos de popularidad sus personajes de la radio, el teatro y la televisión (...) Y, la valiosa información que aporte de testimonios se plasman en el libro a través de programas, fotografías y otros materiales investigativos para lograr una imagen cabal de la inolvidable artista.

CARILDA OLIVER LABRA

Rita la única, Rita de Cuba, Rita del Mundo.// Para mí, sencillamente, Rita Montaner. Un nombre que abarcó todo el arte.// Porque eso fue ella: ¡el arte en forma de mujer!».

ERNESTO LECUONA

Rita de Cuba, Rita la Única... No hay tan adecuado modo de llamarla, si ello se quiere hacer con justicia. «De Cuba», porque su arte expresa hasta el hondón humano lo verdaderamente nuestro; «la Única», pues sólo ella, y nadie más, ha hecho del «solar» habanero, de la calle cubana, una categoría universal.

NICOLÁS GUILLÉN

«Ella debe haber vivido muy feliz de ser Rita Montaner, La Única, la artista que representaba el sentimiento del pueblo cubano con una gracia y donaire irrepetibles».

EUSEBIO LEAL

UNIÓN & OTROS
EDICIONES

BOLA DE NIEVE

Si me pudieras querer

RAMÓN FAJARDO ESTRADA

Spine: BOLA DE NIEVE — Ramón Fajardo Estrada

Esta biografía eminentemente documentada de Bola de Nieve se levanta como un panorama donde entran sus familiares, sus creencias, sus gustos, sus ansiedades y preferencias, al tiempo que dedicaba a perfeccionar las interpretaciones que le dieron fama internacional y lo convirtieron en auténtico embajador de la cultura cubana. Para quienes lo conocimos y disfrutamos de su arte resulta un estimulador de la nostalgia. Para quienes, por su juventud, a través de la lectura se acercan a un artista de la talla de Bola de Nieve, resultará una sorpresa conocer circunstancias y anécdotas irrepetibles, personalidades, ciudades, escenarios, una vida colmada de interés y una trayectoria ejemplar.

Reynaldo González

«Hay otro personaje clave en mi formación sentimental. Para descubrirme a mí mismo, para advertir lo que me ha producido felicidad y dolor, no he acudido al psiquiatra, sino a Bola de Nieve. En mi opinión es otro de los genios que habéis engendrado aquí [...]».

Pedro Almodóvar

[...] la labor escénica de Bola de Nieve: una forma de expresión, de sensibilidad, de calidad espiritual. Cuando uno lo trae al recuerdo, está habituado a relacionarlo con Rita Montaner y Benny Moré y —desde el punto de vista profesional— me cuesta trabajo compararlos, no en el sentido de su estatura individual, de lo que cada uno significa en la música cubana, sino porque Bola resulta ser una cosa distinta con respecto a los otros dos: es un fenómeno, algo realmente inexplicable, ya que hablar de un cantante como voz parece algo absurdo, surrealista. Quizás él sea un clásico ejemplo de la intensidad del arte cubano, de disciplina, de estudio, de amor y entrega total a lo que se realiza.

Harold Gramatges

UNIÓN & OTROS
EDICIONES

Cubierta: CLAVELITO

¿Cree usted en los Milagros? ¿Cree usted en el poder de la mente?, ha logrado mantener la fe en estos tiempos difíciles. Primero tomé un vaso con agua y póngalo en el lugar más elevado de su casa y ponga su pensamiento en Clavelito, antes de comenzar a leer este apasionante libro. Es él, Miguel Alfonso Pozo, quien regresa, después de cuarenta y cinco años de haber abandonado este mundo físicamente, porque en espíritu, se quedó en el imaginario de un pueblo que nunca lo olvidó y como compositor de música campesina ocupa un lugar privilegiado en el patrimonio cultural cubano. Afirmó: «soy el cronómetro de la humanidad, para mí no hay pasado, presente ni futuro, yo soy el tiempo». Clavelito les va a contar su vida, el por qué tuvo tantos seguidores y les va ofrecer consejos muy valiosos para la salud mental.

Solo pidió un sombrero de guano, una bandera y un son para bailar, aunque no lo sepamos, casi todos los cubanos hemos escuchado su música, «El caballo y la montura», «El Rinconcito», «Chupando cañas», entre otras, ya sea en la voz del Benny Moré; Celina González, la Reina de la música campesina; Pototo y Filomena; Abelardo Barroso; Cascarita con La Casino de la Playa, las voces que interpretaron sus canciones acompañadas de la gran Sonora Matancera como la de Bienvenido Granda y la orquesta Sensación, entre otras. Clavelito derrocha a través de sus composiciones cubanía por el mundo, en sus letras está la vida del guajiro, la flora y fauna de los campos cubanos, la belleza de nuestras mujeres. Como se anuncia en «Oye mi Olelolei», tema que tanto hemos escuchado en el programa de televisión Palmas y cañas.

Homenaje muy merecido es esta publicación, con un testimonio de primera mano, nos devuelve a aquel que a decir de Germán Pinelli: «Cuando se hable de la historia de la radio en Cuba, hay que hablar de Clavelito, como nadie supo integrar su arte y carisma al entretenimiento radial».

NARCISO RAMÓN ALFONSO GÓMEZ

CLAVELITO

EL HOMBRE DETRÁS DEL MITO

NARCISO RAMÓN ALFONSO GÓMEZ

Cubierta: A VOCES Y RISAS DE CHANITO ISIDRÓN

CHANITO ISIDRÓN

A voces y risas de Chanito Isidrón, es el acercamiento a uno de los exponente más auténtico y cubano de la décima humorista del siglo XX: Chanito Isidrón (1903-1987).

Isidrón, el Elegante poeta de Las Villas, es uno de más grandes decimistas cubano, representante de la música guajira, esencial del humorismo criollo. A partir de la década del treinta figuró como repentista en diversos espacios radiales. Comenzó escribiendo novelas de un tono trágico y triste como *Amores Montaraces*, que los campesinos cubanos conocen como *Camilo y Estrella*. Chanito fue el poeta del llanto y la risa. Trabajó en el programa televisivo *Palmas y Cañas*, y durante veinte años fue asesor del seminario humorístico *Palante*.

En este libro los lectores encontrarán testimonios en décimas, historietas, leyendas de sus compañeros y amigos, pinceladas socioculturales del repentismo en Cuba. Un análisis contemporáneo resaltando el valor de su obra sin la inhibición del tiempo, trasladada y evolucionada, acercándonos a su sabia naturalista, criolla, donde aparecen hermanados de manera admirable el tres, la guitarra, el laúd, la ironía, la alegría y la tristeza...

A VOCES Y RISAS DE
CHANITO ISIDRÓN

Amor Benítez Hernández

Libro biográfico acerca de la agrupación más duradera, de las llamadas orquestas familiares de Cuba: Orquesta Hermanos Castro. La autora, valiéndose del archivo familiar de los Castro, hace un recorrido por la trayectoria musical de esta pionera *big band* a la que se llamó «La escuelita» y de la que surgieron numerosos talentos, que luego hicieron carrera bien como solistas, o como integrantes de otras agrupaciones.

«Pienso que hay que revalorizar el aporte de los Hermanos Castro a la música cubana, ahí están los discos, el repertorio, su música perfecta, todo, todos los boleros y los Chachachá son joyas, hay que revalorizar esa orquesta como una de las grandes *big band* que tuvo Cuba».

Helio Orovio

«La Orquesta Hermanos Castro, a mi juicio era la mejor, por una sencilla razón, era muy estable, con orquestaciones con un rango mantenido durante casi treinta años ... ».

Radamés Giró

Orquesta Hermanos Castro   María Matienzo Puerto

María Matienzo Puerto

Orquesta
Hermanos Castro

LA ESCUELITA

UNOSOTROS
MÚSICA

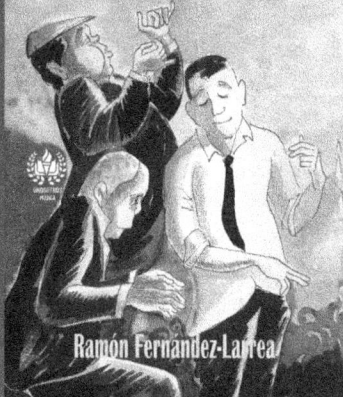

Kabiosiles
Los músicos de Cuba

Aquí están reunidos sesenta y seis retratos de nuestros dioses terrenales: los músicos de Cuba. Esos que andan en nuestra memoria, en nuestra piel y en la niebla de nuestra identidad. Son los rostros que conforman nuestro ADN sonoro. Estos «Kabiosiles», son saludos desde lo más profundo del corazón.

Vicentico, Benny Moré, Rita, La Lupe, Bola de Nieve, Celia Cruz, Machín, Arsenio Rodríguez, son algunos nombres en ese mapa de lo que somos. Porque, como escribió el poeta Ramón Fernández-Larrea, el autor de este libro: «Bajo la noche catalana, en las calles de melancolía de París, en viejos pueblos volcánicos de Canarias tengo una luz. De esa luz baja una lluvia como un son espléndido como la vida, con guiños de mujer y olores que me mecen, y el alma se divierte y se expande, y es la única razón que nos une y nos abraza a todos por igual. A tristes y serenos, a poetas y amargados, a viudos y cumbancheros, a cercanos y lejanos. Los que siempre nos encontraremos en el único mar de nuestros sueños reales.

KABIOSILES
LOS MÚSICOS DE CUBA

Ramón Fernández-Larrea

LUIS MARQUETTI

Decir Luis Marquetti, es decir bolero. Marquetti fue ante todo un compositor de boleros, de grandes boleros, de algunos de los más bellos boleros de la historia. Aunque compuso guajiras, congas, sones, guarachas y pregones, lo sujo fue el bolero. Los textos que escribió, y que puso el marco de los indudables intérpretes de su época, que le llevaron a la inmortalidad y a ostentar el título que hoy ocupa como uno de los más importantes compositores de bolero de todos los tiempos. En esta nueva edición, ampliada y corregida, el lector no solamente encontrará información biográfica que nos habla de los aciertos de la vida cotidiana del compositor y de los avatares objetivos en los que pasaron sus intensivos momentos, sino un exhaustivo registro de sus boleros, fotos, y testimonio de quienes le conocieron personalmente y compartieron con él en ambientes que disfrutó como la vida escolar, las tertulias literarias, la radio, la sociedad de autores, opiniones de sus hermanos, colegas de despachos, cuestiones y vecinos de Alquízar.

Jaime Grijalba Ruiz

No hace falta mencionar mucho pertenecientes todos los boleros compuestos por el cantor compositores e intérpretes de todo el continente. Desde aquel memorable reencuentro con Pedro Vargas y el mexicano ídolo de «Deudas», Luis Marquetti devino referente obligado en el mundo del bolero. Hoy día, cuando diferentes plazas latinoamericanas, hacen hincapié en la vigencia eterna del género —tanto en Cuba y desarrollado hasta la sociedad en otros lares americanos y estiuyen—, el nombre de este modesto caballeroso y forjador autor constituye un verdadero hito musical. Cuando la celebridad y la fama de muchos boleros, se basaba en el increíble retorno a las consecuencias de la infidelidad abierta, el supuesto desahogo crítico e incluso, la incitación a la violencia como única forma de salvar el mancillado honor. Luis le dio algunas giros enfrente aún pudiera suceder de cada día en un terreno personal, bosquejar así uno en vivo de los textos seleccionados por el quedar actor desde el mejor de la elegancia y, a veces, hasta el acercamiento a los recursos de la literatura en demuestran su apego a las formas sostenidas, aún en las circunstancias más adversas descritas por sus creaciones.

Gaspar Marrero

LUIS MARQUETTI
GIGANTE DEL BOLERO
EL HOMBRE SIN ROSTRO

LUIS CÉSAR NÚÑEZ GONZÁLEZ

Cuba, patria y música indaga sobre la creación musical cubana durante más de dos siglos fuera de la isla. Por múltiples razones –sociales, personales, económicas y políticas– los intérpretes, productores y compositores cubanos han llevado nuestra música a otras latitudes haciéndola fructificar más allá de sus fronteras. Desde Ignacio Cervantes, José White o Claudio Brindis de Salas, en el siglo XIX, hasta Celia Cruz, La Lupe, Olga Guillot, Zenaida Marrero, Ernesto Lecuona, Bebo Valdés, Dámaso Pérez Prado, Arsenio Rodríguez, Rolando Laserie, Mongo Santamaría o Israel López Cachao, entre muchos otros, en el XX, pasando por la nueva generación de cubanoamericanos como Willy Chirino, Miami Sound Machine, Gloria y Emilio Estefan o Andy García, a lo que se suman Arturo Sandoval, Paquito D'Rivera, Malena Burke o Albita Rodríguez. Los músicos cubanos han constituido, en Europa, Estados Unidos y América Latina, un vasto movimiento con identidad propia capaz de dar continuidad y de renovar a la vez esta expresión artística. A través de estas páginas recorreremos nombres, anécdotas, datos, comentarios, acontecimientos históricos y recuerdos vinculados siempre con la historia y la labor de quienes han creado los ritmos y melodías que han colocado el nombre de Cuba en una posición privilegiada a escala internacional.

William Navarrete (Cuba, 1968). Reside entre París y Niza desde hace tres décadas. Estudió historia del arte en la Universidad de La Habana y Letras en la Universidad de La Sorbona (París IV). Es colaborador del diario El Nuevo Herald desde 1999, fue profesor, curador de arte en Francia, conferencista y ha organizado numerosos eventos culturales en Europa y América Latina. Es traductor para organizaciones internacionales de las Naciones Unidas y ha sido editor de El Correo de la Unesco. Ha publicado más de 20 libros (novela, cuento, ensayo, poesía, entre otros géneros) y obtenido diversos premios por su labor. En francés ha escrito dos volúmenes sobre música cubana, dos diccionarios insólitos sobre Cuba y La Florida, dos libros de relatos (Pour l'amour de Nice y Do ut de Babel) y dos de cuentos (La campora del Louvre y Le tour du monde en 80 saveurs). Sus tres novelas son: La noche de Cubagua, Fugas y Deja que se muera España, las dos últimas en Tusquets. Muchas de sus obras han sido traducidas al francés, italiano y alemán. Obtuvo la beca del Centro Nacional del Libro en Francia, el premio Eugenio Florit de poesía, entre otros premios y distinciones.

CUBA, PATRIA Y MÚSICA

CUBA, PATRIA Y MÚSICA

William Navarrete

William Navarrete

Dulce Sotolongo Carrington

MÍSTER BABALÚ

Voz de los barrios timberos, del solar donde cada día agonizaba la esperanza de hombres y mujeres sin un mejor futuro. Allí, entre aquellos negros y mestizos, creció Miguelito Valdés y empezó a amar el sonido del tambor que ya por siempre lo acompañaría para convertirlo luego en pilar estelar de nuestra música.

Cebida, principalmente, al aspecto musical, la escritora y editora Dulce María Sotolongo ha reunido en este volumen una valiosa investigación acerca del artista.

El libro no es solo un acercamiento a Mr. Babalú, llamado así por tu personalísima interpretación de la pieza de Margarita Lecuona, sino que incorpora una interesante información del panorama musical cubano relacionada con la época en que Miguelito Valdés desarrolló su carrera.

Aquí va encontrar el lector un análisis de la conga, un ritmo que ha sido poco estudiado y ubica a Miguelito y su accionar en el desarrollo de este ritmo tan cubano. La Habana donde se urbanizó el son y a Miguel Matamoros, María Teresa Vera, Ignacio Piñeiro y cómo influyeron en la conformación del artista. La autora también le rinde un homenaje a todos los músicos que llevan con dignidad el apellido Valdés, se explica la relación que hay entre ellos y su importancia para la música cubana.

La amistad entre Chano Pozo y Miguelito Valdés es un ejemplo para los que luchan por la reivindicación de los afrodescendientes en cualquier parte del Mundo.

Hoy que se habla del olvido en que está sumido Míster Babalú, uno de los rumberos más importantes de Cuba porque fue de corazón rumba rumbero. Volvamos a oír su música a través de estas páginas y sirva este libro como un sencillo, pero sincero homenaje a la tierra que lo vio nacer.

Míster Babalú

Dulce Sotolongo Carrington

Cover 1 (top):

Spine: FAUSTINO ORAMAS · EL GUAYABERO — Zenovio Hernández Pavón

Zenovio Hernández Pavón

FAUSTINO ORAMAS
EL GUAYABERO
REY DEL DOBLE SENTIDO

El autor nos entrega una semblanza biográfica de este singular hombre en un libro donde podremos hallar esencialmente, en cuerpo y espíritu, los derroteros de un músico popular excepcional.

Faustino Oramas, El Guayabero, suma la picardía al decir de la trova. Picardía que no es sinónimo de bajeza o fraudulencia sino audacia e inteligencia para sacar el mejor provecho de situaciones adversas. Hay que decir que pocos autores de la música popular han tenido, como Faustino Oramas, la facilidad de recursos, la gracia y la imaginación para el manejo de situaciones peliagudas con lenguaje simple pero debidamente escogido de modo que provoque la chispa de humor sin grosería.

«Casi nadie lo conoce por su verdadero nombre. Sin embargo, cuando se habla de El Guayabero viene a la mente de todos los cubanos su peculiar estampa y el criollísimo humor de sus canciones.

Faustino Oramas es por ello, tal vez, el último representante de aquella generación de soneros que vivieron de la música y para la música, y supieron transmitir a su obra la idiosincrasia del cubano, que siempre se reconoce en las canciones de este juglar oriental».

Leonardo Padura

«El Guayabero es un genio popular cuyas características, muy especiales dentro de la música popular cubana, no pueden clasificarse en una tendencia determinada. Creo que, desgraciadamente, no habrá otro como él».

Pablo Milanés

«Él es un tresero popular de tumbaos, que utiliza un diseño melódico rítmico muy reiterado, en cuya célula más elemental radica el sabor cubano».

Pancho Amat

EDICIONES UNOSOTROS

9 781950 424245

Cover 2 (bottom):

Spine: ÑICO SAQUITO. EL GUARACHERO DE CUBA

ÑICO SAQUITO
EL GUARACHERO DE CUBA

Los más importantes estudiosos de la música cubana incluyen la guaracha dentro del complejo del son, pero no se debe perder de vista que la guaracha brinda una importante contribución a la gestación del son como género en sí, como también a otras expresiones de la cultura en nuestro continente, por eso en otras naciones es tan apreciado el legado del rey de la guaracha o el guarachero de Cuba, como muchos denominan a ese inteligente revoyó que fue Ñico Saquito.

Benito Antonio Fernández Ortiz, Ñico Saquito, fue uno de los más notables artífices de la trova del son o trova intermedia, que pura suerte de quienes gustan de la música con humor, se transformaría en un estilo o tendencia aún vigente y con magníficos cultores, aunque no tanto como en aquel período esplendoroso que a partir de la década de 1920 iniciara Miguel Matamoros. Tenemos la satisfacción que este libro llegue a los lectores interesados en conocer un poco más de las peripecias y satisfacciones de la vida de ese trovador singular, así como de su obra prolífica y trascendente que no se limita a la guaracha, pues deja un rico catálogo que esperamos en el futuro sea objeto de estudio de musicólogos y otros especialistas como amerita su valía y el lugar privilegiado en la historia musical cubana generó su creador.

Poco a poco se fue gestando este libro en binomio, por el escritor e investigador Zenovio Hernández Pavón y Alejandro Fernández Ávila, nieto del compositor. Reseña biográfica, selección de textos de canciones, testimonios gráficos, publicaciones periódicas, entrevistas y otros materiales anexos, es lo que el lector encontrará del autor de «María Cristina», «Cuídelito, compay galán», «Al vaivén de mi carreta» entre las cerca de seiscientas composiciones del guarachero.

Zenovio Hernández Pavón / Alejandro Fernández Ávila

EDICIONES UNOSOTROS

9 781950 424207

www.unosotrosediciones.com

infoeditorialunosotros@gmail.com

UnosOtrosEdiciones

Siguenos en Facebook, Twitter e Instagram:

www.unosotrosediciones.com

www.ingramcontent.com/pod-product-compliance
Lightning Source LLC
LaVergne TN
LVHW091201080426
835509LV00006B/777